シマが揺れる

シマ＝沖縄の伝統的な集落。ムラともいう。

もくじ

沖縄本島略図

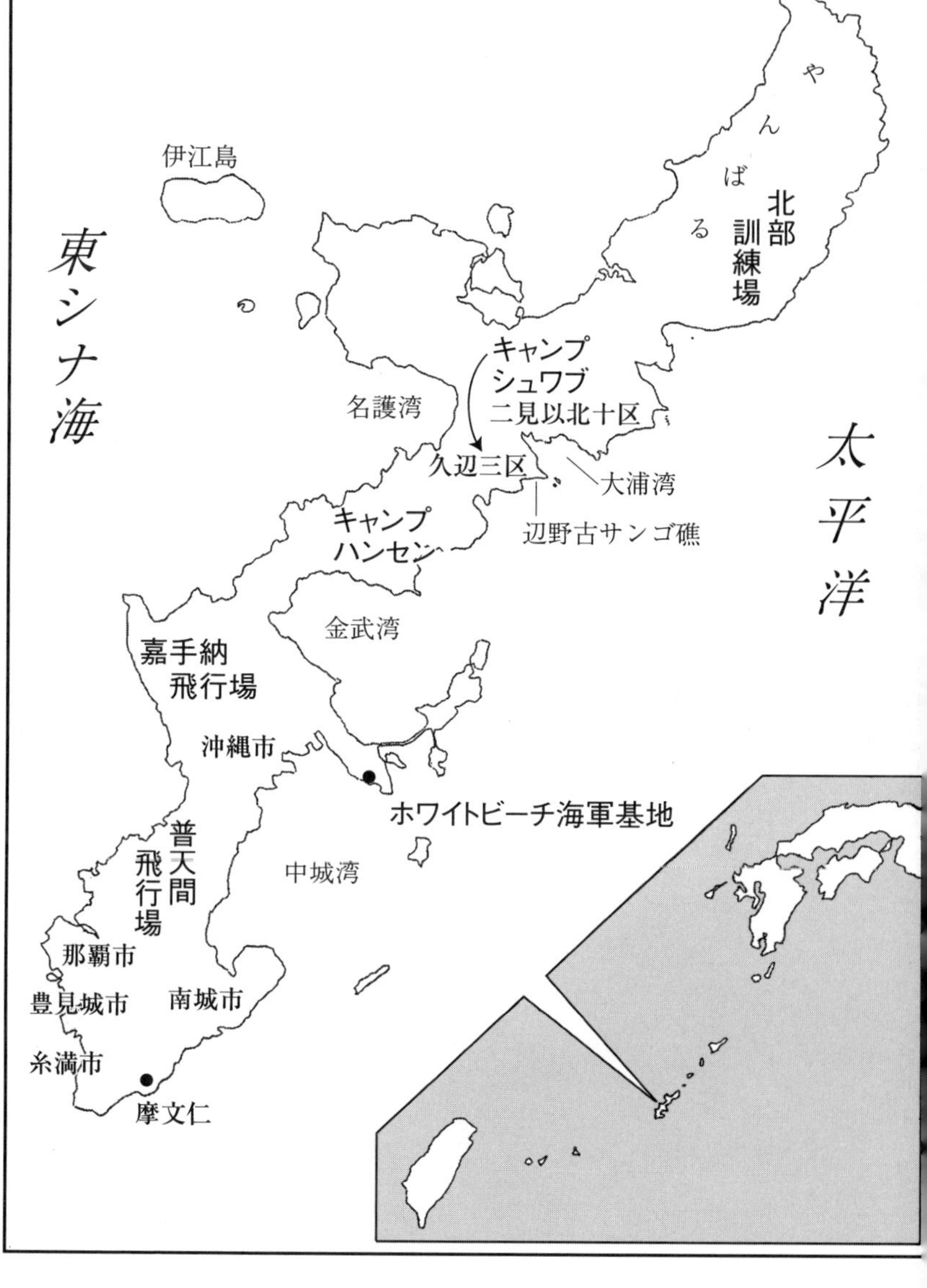
東シナ海
太平洋
伊江島
やんばる
北部訓練場
キャンプシュワブ二見以北十区
名護湾
久辺三区
大浦湾
辺野古サンゴ礁
キャンプハンセン
金武湾
嘉手納飛行場
沖縄市
ホワイトビーチ海軍基地
普天間飛行場
中城湾
那覇市
豊見城市
南城市
糸満市
摩文仁

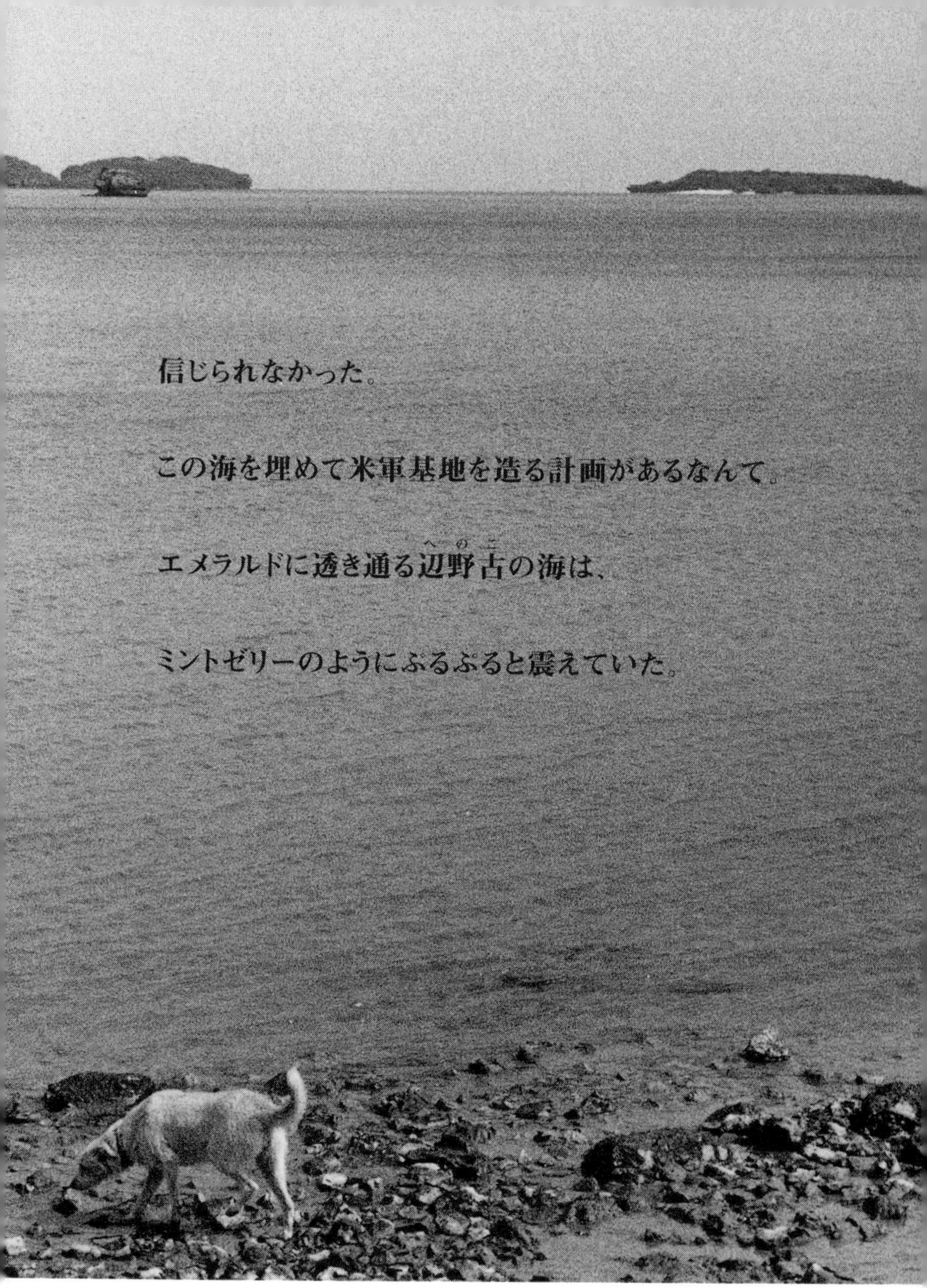

信じられなかった。

この海を埋めて米軍基地を造る計画があるなんて。

エメラルドに透き通る辺《へ》野《の》古《こ》の海は、

ミントゼリーのようにぷるぷると震えていた。

大潮が近付くと、そわそわする。

ウニ、サザエ、タコ…、獲物を求めて干潮のサンゴ礁を歩く。

海はおいしい。

むかし むかし

日本の南
青い海に浮かぶ沖縄の島に
海辺の小さなムラがありました

サンゴ礁に囲まれた静かな海で
ムラ人たちは魚や貝をとり
畑を耕してイモを植え
山の木を薪《まき》にして

貧しいけれど
助け合って
仲良く暮らしてきました

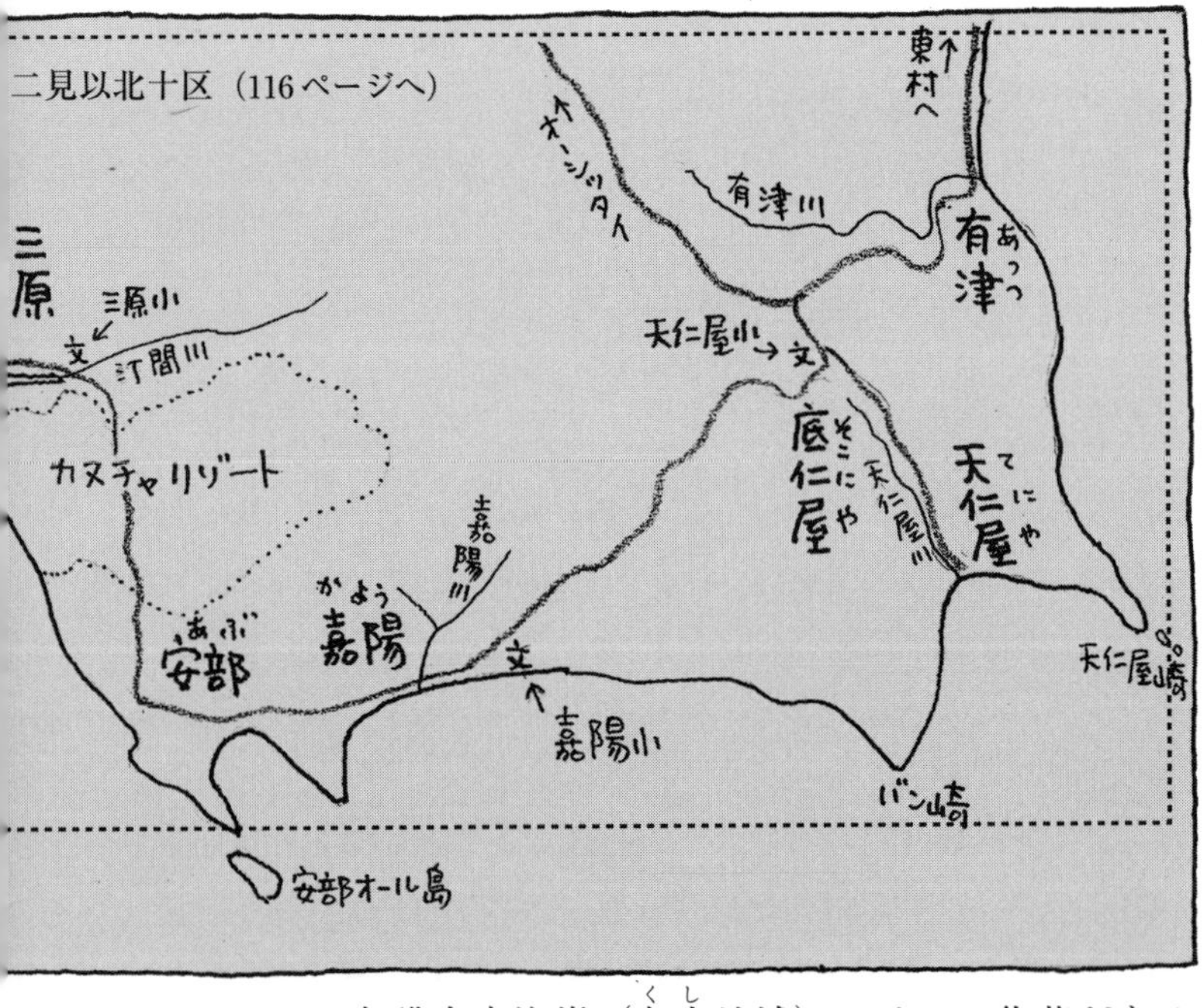

名護市東海岸（久志《くし》地域）には13の集落がある

そんなムラにも
戦争が押し寄せ
人々は山の中を逃げまどい
たくさんの人が死にました

日本が負けて
戦争は終わり
島は
アメリカに支配されました

ムラに米軍基地が
やってきて

この物語が始まります

イラスト　宇地原 睦恵（以下も同じ）

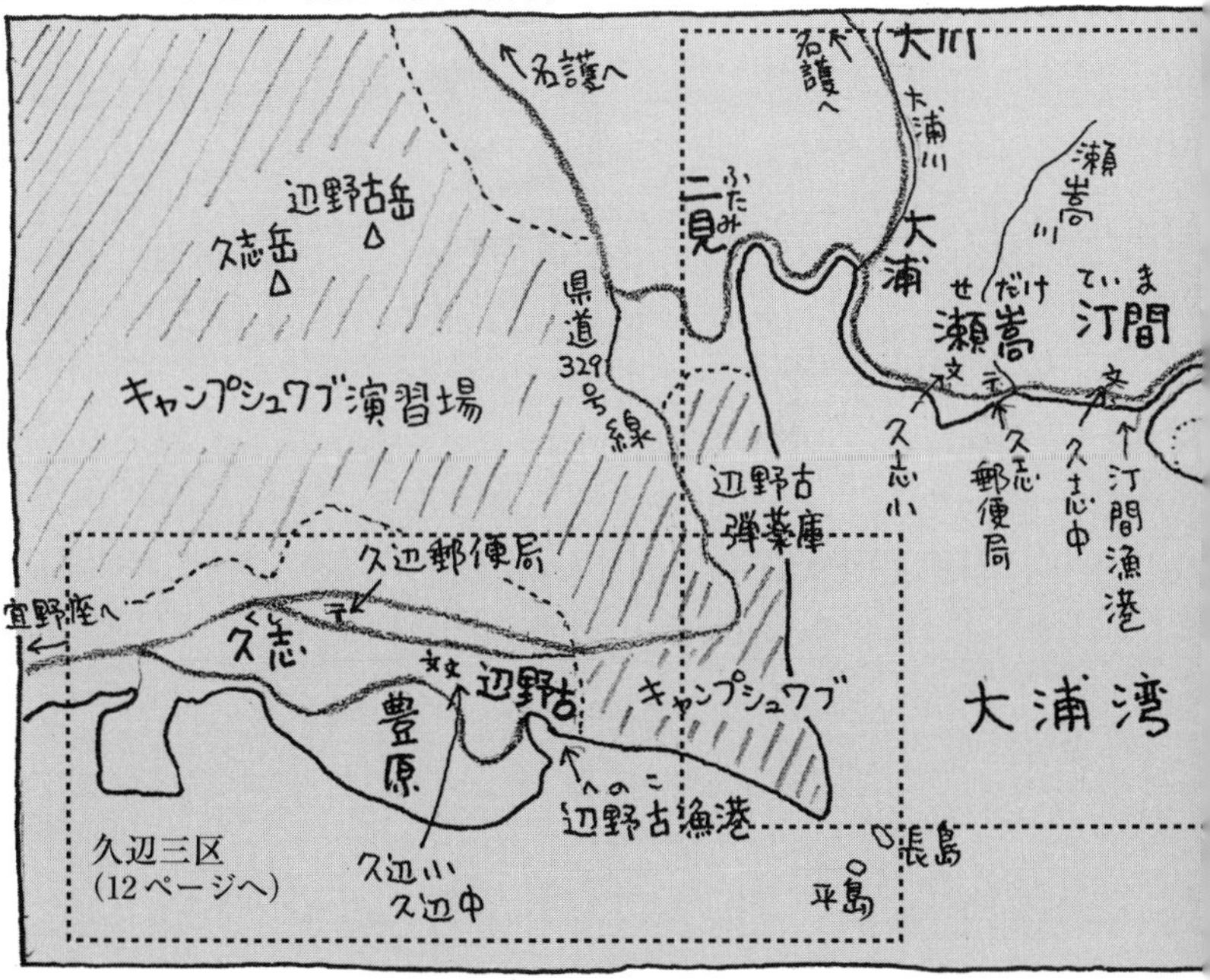

基地が来た

米軍占領下の1959年、
完成したキャンプ・シュワブに6000人の兵士がやってきた。
1965年、アメリカはベトナム戦争への全面介入を開始、米軍は沖縄から出撃した。

「キャンプ・シュワブは沖縄で唯一、住民が受け入れた米軍基地なんだって？」

でもね。

住民がどんなに反対しても抵抗しても、
当時の米軍は「銃剣とブルドーザー」で無理矢理土地を取り上げ、基地を造った。
それを見てきた辺野古の人たちは、どうせ造られるならと、
道路や水道など最悪だった生活基盤を整備させることを条件に受け入れた。

誰もそれを責められないよね。

久《く》辺《べ》三区
辺野古
弾薬庫
329号線
第二ゲート
第一ゲート
第二辺野古
毎週土曜日18:30〜19:00
ゲート前でキャンドル集会を行っている
キャンプシュワブ
「辺野古社交街」の看板
命を守る会
座り込みテント村
野《の》古《こ》
4月〜9月ごろ
オーストラリアからやってきた
エリグロアジサシが
営巣・子育てをする
長島
平島
美しい浜に米軍基地との境に
有刺鉄線がある.
辺野古漁港
干潮時に
会える
かわいい
ミナミコメツキガニ
辺野古
相撲道場
新公民館
建設中
ヒガスーパー
交番
ファミリーストア
キヨタ
くすり屋
イタリアンレストラン
ピザ・カレー・ステーキ
チャンプルーなど
定休 火曜
ゼネラル
給油所
JAやんばる
辺野古出張所
辺野古区公民館
渡具知ストア
辺野古コミュニティセンター

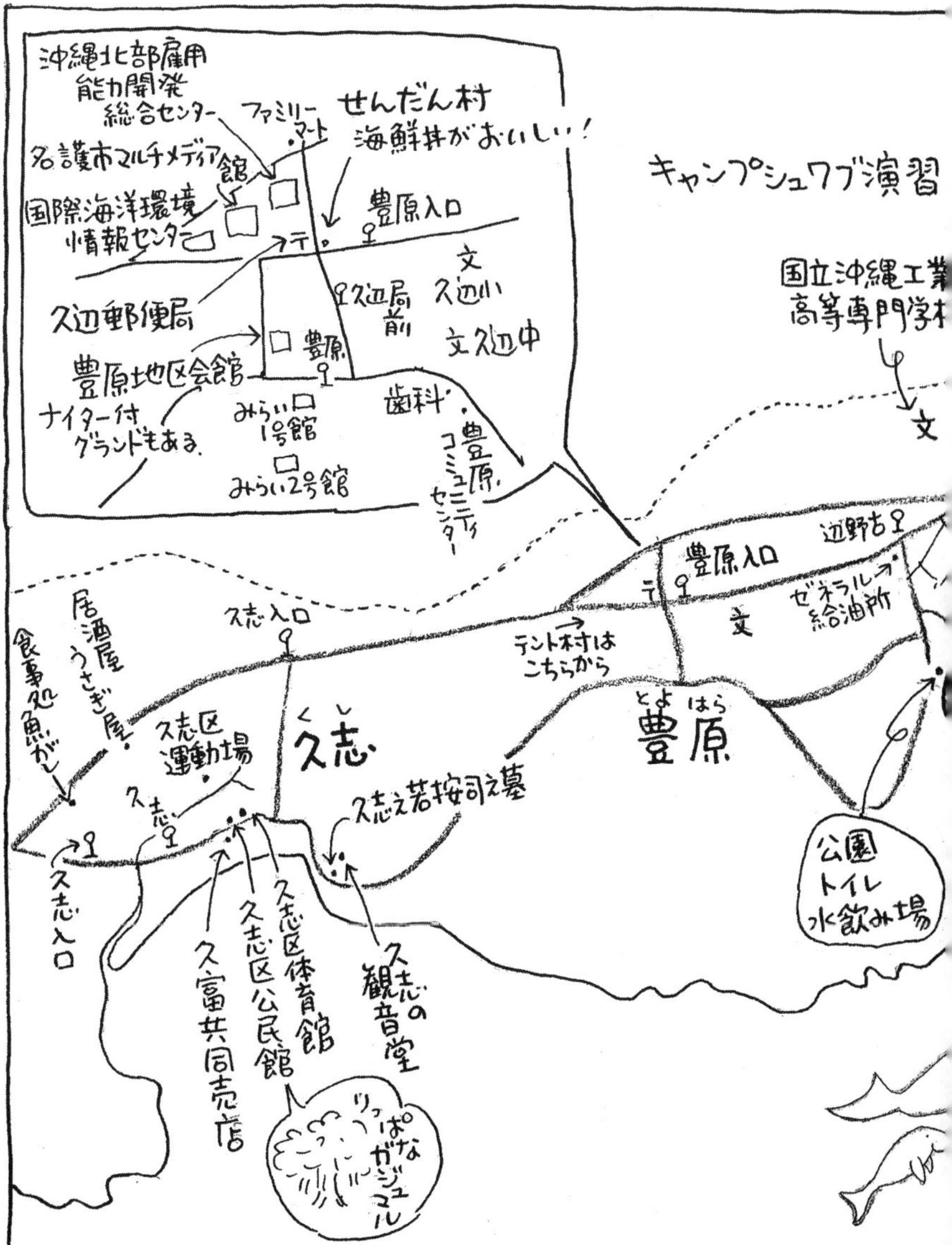
沖縄北部雇用
能力開発
総合センター
ファミリーマート
せんだん村
海鮮丼がおいしい！
名護市マルチメディア館
国際海洋環境
情報センター
豊原入口
文
久辺小
久辺郵便局
久辺局前
豊原
文久辺中
豊原地区会館
ナイター付
グランドもある
みらい1号館
みらい2号館
歯科
豊原コミュニティセンター
キャンプシュワブ演習
国立沖縄工業
高等専門学校
文
辺野古
豊原入口
ゼネラル
給油所
文
テント村は
こちらから
居酒屋
うさぎ屋
食事処
魚がし
久志入口
久志区
運動場
久志《くし》
豊原《とよはら》
久志
久志之若按司之墓
久志入口
久富共同売店
久志区公民館
久志区体育館
久志の
観音堂
りっぱな
ガジュマル
公園
トイレ
水飲み場

CAMP SCHWA
GATE

35

Budweiser

基地建設工事。米兵相手の商売。
仕事を求めて宮古・八重山、
奄美からも多くの人々が移住し、
基地の街・辺野古の人口は一挙に増えた。

バー街の昼下がり。
孫を抱くママさん。
若い米兵たちも、
彼らの夜を盛り上げる宮古出身のママさんも、
故郷から遠い。

スナック
フレンド

辺野古の住民とキャンプ・シュワブの米兵は仲がいい。

ハーリーや綱引きなど
地域の伝統行事にも
米兵たちが参加して盛り上がる。
事件や事故を起こさない「良き隣人」であって欲しい。
…それが住民の願いだ。

辺野古ハーリー

地域の子どもたちがキャンプ・シュワブに招待された。

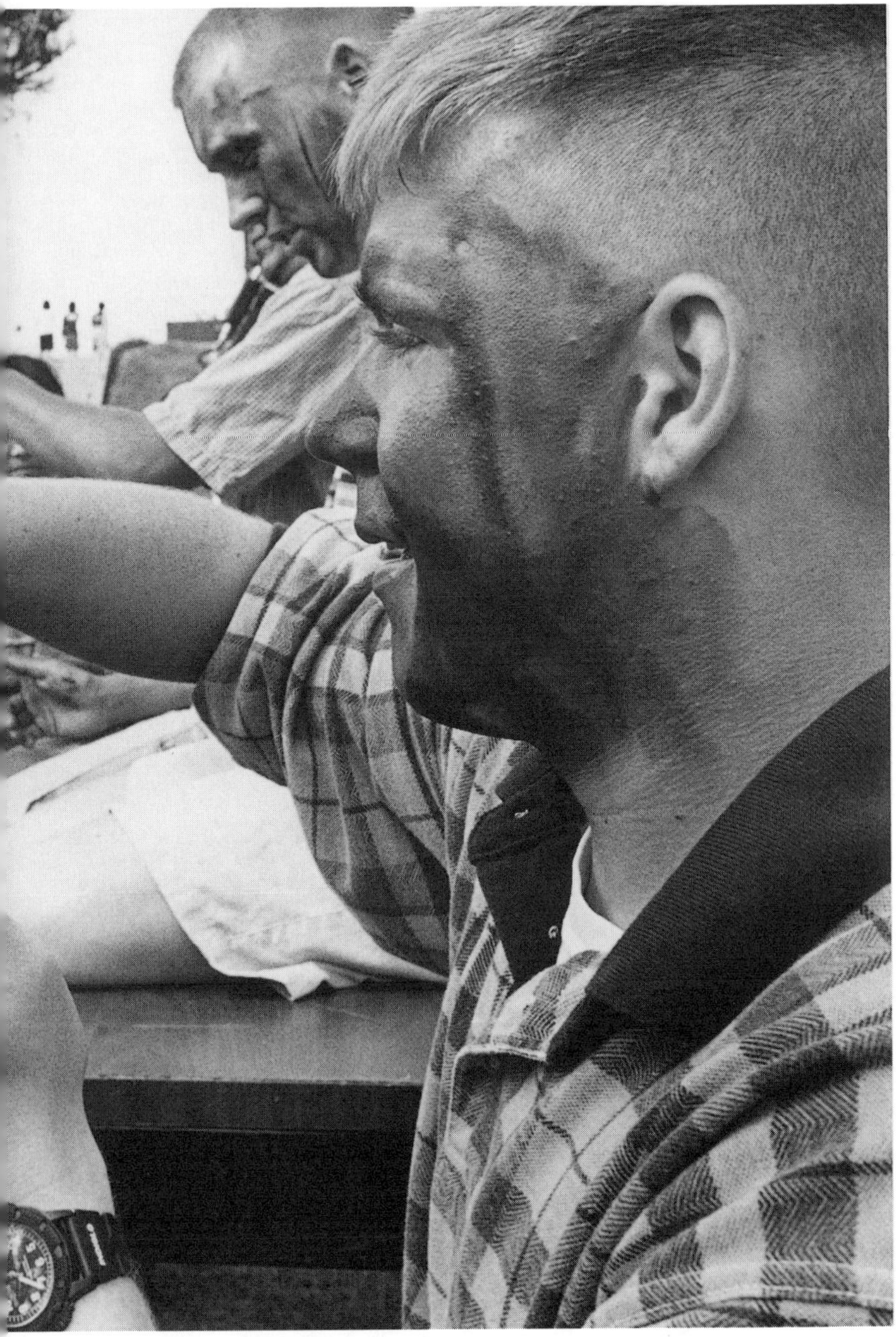

「クリスマス・チルドレンズデー」

年に一度の基地開放。

シュワブの浜に、変わらない笑顔と、変わらない物語。

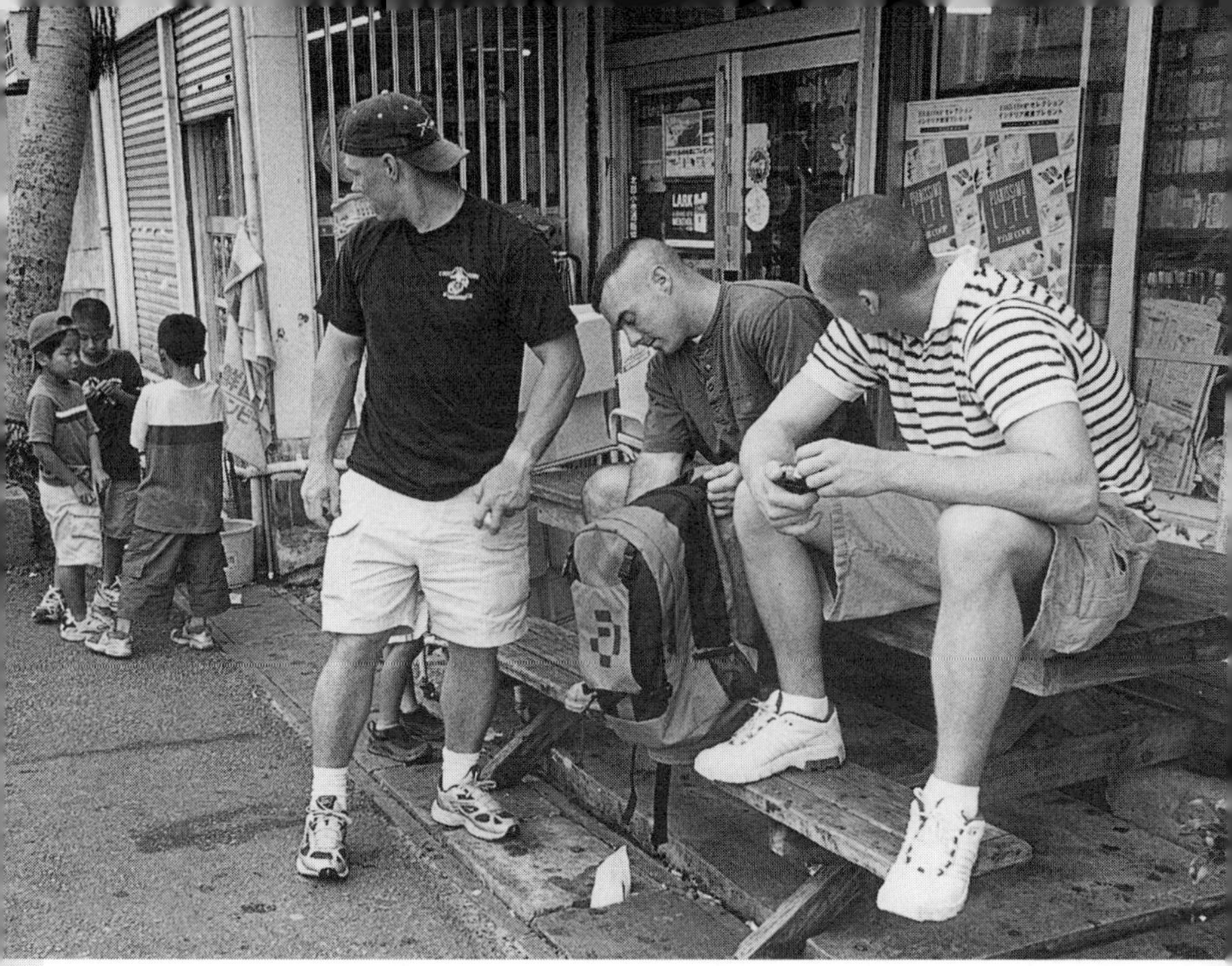

海辺の小さなムラから、
ネオン輝く基地の街へ。
１９６０年代、
ベトナムの戦場へ送られる兵士たちが
束の間の癒しを求めてばらまくドルが、
夜の街にあふれた。

いま、さびれた看板に風が舞う。

ありふれた辺野古の日常。
気にとめる人など誰もいない。

クワを振り下ろす。
かつての田畑は軍用地に取られてしまったけれど、
変わらない営みが今も暮らしを支えている。

6
7
8
WHEELS

世界一危険な基地
普天間《ふてんま》基地

1995年9月、
3人の米海兵隊員が小学生の少女を強姦する事件が起こった。
基地の重圧に苦しんできた沖縄の人たちの怒りが爆発した。
8万5千人が集まって基地の整理縮小・撤去を要求する県民大会をやった。

日米両政府は、これ以上騒ぎが大きくならないよう話し合って、
1996年4月、
普天間基地を返還すると発表した。

住宅密集地にある普天間基地は「世界一危険な基地」と言われ、
普天間基地のある宜野湾《ぎのわん》市民は閉鎖・撤去を求め続けてきた。

35　世界一危険な基地

喜んだのも束の間、
それは無条件の返還ではなく、
沖縄県内のどこかへ移設するという条件が付いていた。
それに**狙われたのが辺野古**だった。

揺れるシマ

1996年秋、
降って湧いた海上ヘリポート基地建設計画に辺野古は揺れた。

勇気をふるって
反対の声を上げた
一人の農民・比嘉《ひが》盛順《せいじゅん》さんと、
彼に応えた数人の行動から
辺野古の反対運動は
大きく広がっていった。

ヘリポート移設絶
1. 新しい、生命を宿した、若い母親達の安息のために。
2. 保育所、幼稚園、幼児達の、健やかな成長のために。
3. 小、中學生、児童生徒が、勉強に集中できる環境を守
4. 静かな場所で、お茶を飲み、語らい、昼寝や、ゲート
楽しんで、余生を送るお年寄達のために。
5. 老いも若きも基地被害、危険や騒音に苦しまない平
私達の地域は私達自身で守ろう!立ち上
奮起せよ久辺地域の皆さん。頑張ろう久

１９９７年１月、
「辺野古・命を守る会」が結成され、
老若男女、多くの住民が反対運動に参加した。
「守る会」最高齢（93歳）のヨシおばぁも、
よそ行きを着て、慣れない集会に出る。

許すな
基地県内

買い物の合間に一休み。
「どうなるのかねー」
「心配だねー」

守る会の事務所に通うのも、
スエおばぁの日課の一つ。
「家にいても落ち着かないさー」

おばぁたちの貝殻細工は、命を守る会の貴重な収入源。
手を動かしながら昔話に花が咲く。

「船が沈むほどタコやサザエが採れたよね」

「この海があったから子どもたちを育てられた。基地に売ったらバチが当たるよ」

自分で植林して
荒れ地を蘇らせた敷地の中で
牛を飼っている許田《きょだ》正康《まさやす》さんを
初めて訪ねたのは、
反対運動が始まって
間もない頃だった。
心臓病をわずらう夫を
妻の節子さんがいたわりながら
いっしょに働き、
いっしょに反対の声を上げていた。

当時、辺野古の街に住んでいた
上間《うえま》正敏《まさとし》さんが時々、
牛を見に車椅子でやってきた。

正康さんは
2005年末、亡くなった。
節子さんは今、娘とともに
夫の残した牛たちを育てている。

「大事なことはみんなで決めよう」と、辺野古・海上ヘリポートの賛成・反対を問う名護市民投票が行われることになった。名護市内のあちこちで看板が競い合う。

賛成派の人たちも動き始めた。
厳しい不況を乗り越えるには、
基地に付いてくる振興策が必要だ。
背に腹は代えられないよ…。

名護市民投票では「反対」が過半数を占めた。
しかし政府は当時の市長に圧力をかけた。
市長は「受け入れ」を表明して辞任。
1998年、
出直し市長選挙が再びシマを二分した。

ふと足を止める。
スージグヮー（路地）と

選挙ポスターの
アンバランスが悩ましい。

▼基地のタライ回し反対!!海兵隊はでていけ!
いのちとくらしを守ろう!!
=各界連=
862-6596

金城祐治《きんじょうゆうじ》さんは大阪生まれ。

子どもの頃に感じた沖縄人差別を、今も忘れることができない。

30代で、父親の故郷である辺野古に引っ越し、バスの運転手をやって子どもたちを育てた。

定年退職してほっと一息。

マンゴー栽培を始めて軌道に乗った頃、基地問題が辺野古に降りかかってきた。


1997年10月、名護市議会の傍聴席。

市民投票条例の審議をけわしい顔で見守る、金城さん。

市民の思いはなかなか議会に届かない。


初めは「命を守る会」の相談役として、その後、代表として今日までがんばっている。

代表は会の「顔」として、いつも人目にさらされる。

会の内部にも気を配らなければならない。

現在、70代になった金城さん。疲れは限界まで来ているような気がするが、

「基地を追い返すまでは倒れるわけにいかないよ」

市長選挙では、
賛成派の推した岸本建男《たてお》さんが
反対派の候補者を僅差で破って当選した。
基地には反対でも、いろんな理由で市民は岸本さんを選んだ。
反対でがんばってきた住民たちはがっかり…。

なんで負けたかねー…。
飼っている
タウチー（闘鶏）は
答えてくれない。

でも、
おいしい卵を
今日も産んでくれた。

タクシー運転手、農業、養豚、建設業、軍雇用員…、
病気で倒れるまで金城正登喜《まさとき》さんはあらゆる仕事をやった。
「体が不自由になって命の大切さがわかるよ」

つきっきりで世話をする妻の美重子さんが
タウチーのゆで卵を出してくれた。

24

1999年末、
日本政府は、海上ヘリポート計画に代わり、
辺野古沖のサンゴ礁を埋め立てて巨大な海上基地を造る計画を決定した。

それでも、落ち込んでばかりはいられない。
孫を連れて集会に座る。
島袋《しまぶくろ》妙子さんがずっとがんばってきた原動力は、
子や孫たちに基地を残してはいけないという、ひたすらな思いだ。

子供や孫に
残こそう
美しい自然と心
守る会

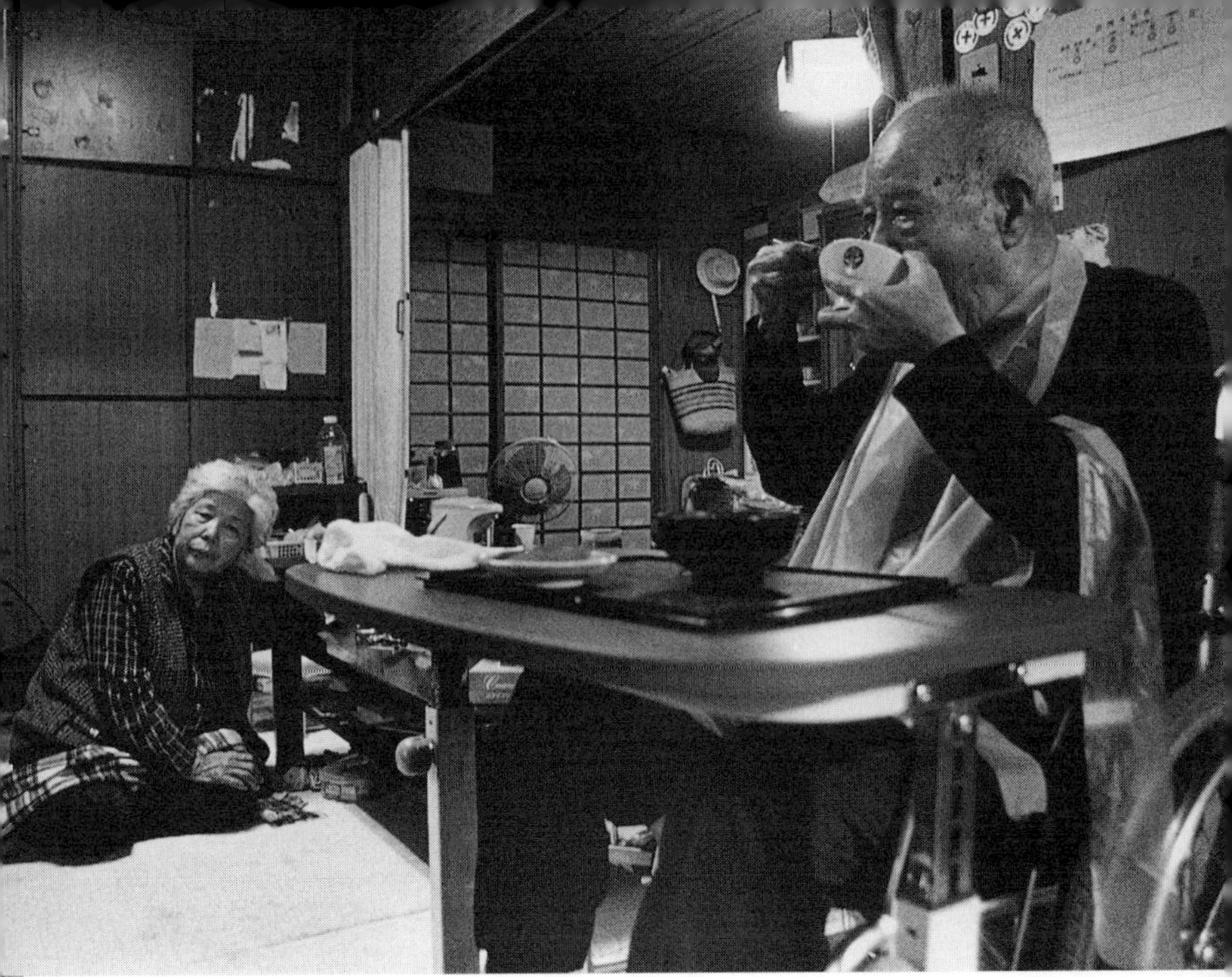

夫・秀幸さんの介護が妙子さんの日々の仕事。
その合間を縫って反対運動に参加する。
思うように動けなくて、もどかしいときもあるさ…。

妙子さんといっしょに真生《まお》さんが、
秀幸さんが入所している老人ホームを訪ねた。
「誰かが見舞いに来ると、この人、感激して泣くんだよ」
と妙子さんは笑う。

夫が老人ホームに入所して介護からは解放されたが、
入所費を稼ぐために新聞配達を続けている。
夜中の３時に起きるのも、もう慣れた。

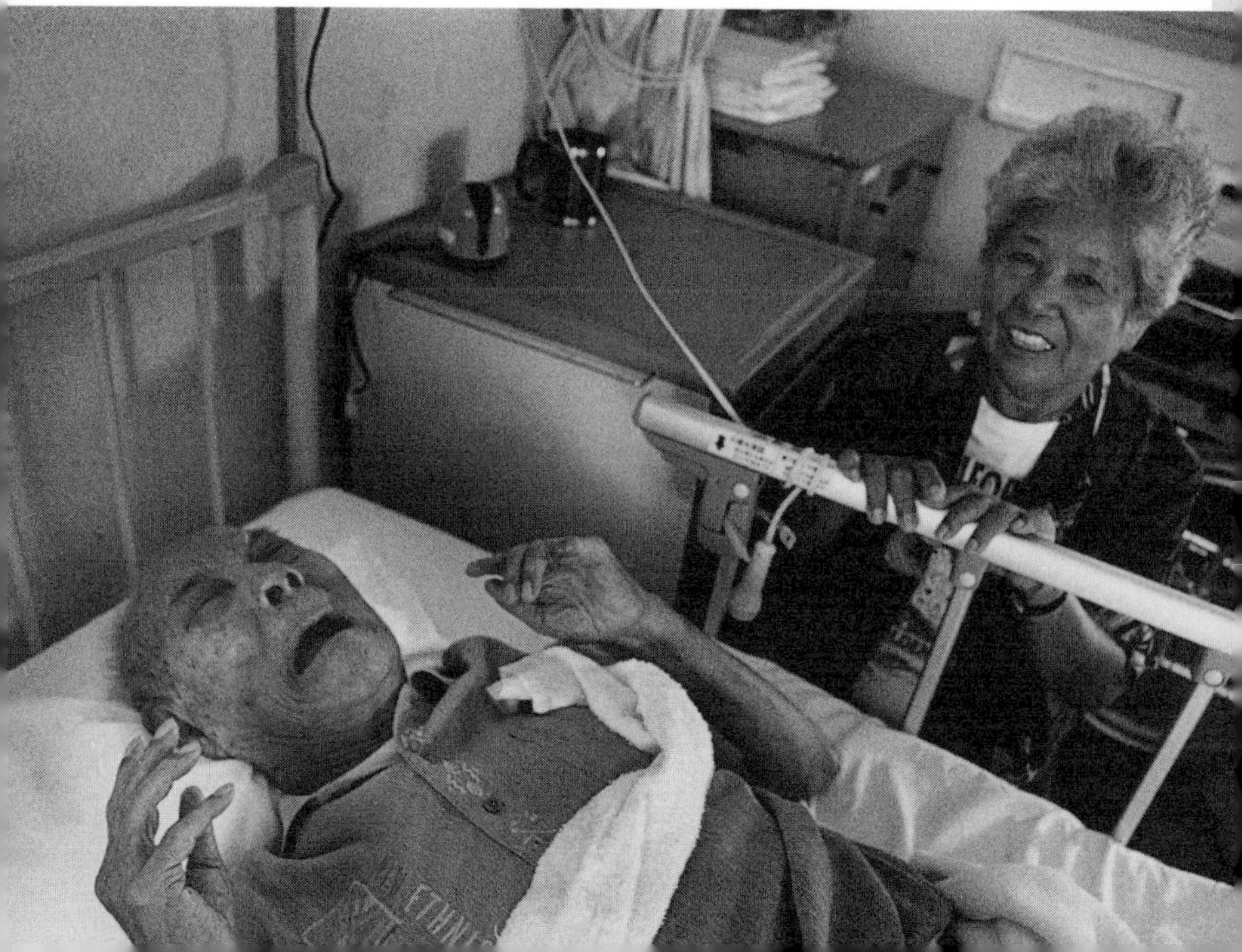

母と娘が、家族の健康と安全のお礼にシマのウガンジュ（拝所）をまわる。
祈りの姿は昔と同じ。

２００４年４月、
海上基地を造るために海底に穴をあけて地質を調べる調査を
政府は強行しようとしたが、
地元住民をはじめ多くの人が集まってこれを止めた。

調査をさせないための座り込みは約１年半続いた。
日本中、世界中から、たくさんの人たちが手弁当で応援にかけつけた。

海上
阻
263
の命を
座

２００４年８月、
普天間基地に隣接する沖縄国際大学に米軍の大型輸送ヘリが激突・炎上した。
ヘリの破片が住宅地のあちこちに飛び散り、
住民の負傷者が出なかったのは奇跡だと言われた。
米軍はすぐに一帯を立入禁止にし、
駆けつけた宜野湾市長も入れなかった。
日本の警察も消防も手を出せない米軍占領状態がしばらく続いた。

事故抗議！

いつまで続くの？

「危険な普天間基地をすぐになくして！」

と沖縄の人たちは叫んだのに、

政府の答は

「だから辺野古への移設を急ごう」だった。

そうして2004年9月から、海の調査を強行した。

5カ月間続いた陸上の座り込みから、攻防の主な舞台は海上へ移った。

危険を伴う海上行動への志願者は、なぜか女性が多かった。

ろくに泳げもしないのに、とにかく作業を止めたいと無我夢中だった。

防衛施設局が建てた調査用のやぐらに上り、

焼け付く夏から寒風吹きすさぶ冬へ、

そして水が温《ぬる》み、また夏が来て、私たちはまるまる1年を海の上で過ごしたのだった。

はじめはカヌーに乗って、次は海上のやぐらの上で調査を止める。
海の上はじっとしていられないほど寒かった。
作業員に暴力も振るわれた。
作業船団が迫ってくるときの、言いようのない不安と恐怖。
焼け付くような陽射し、
容赦なく吹き付ける北風や雷雨…。
トイレも我慢して、とてもつらかった。

でも、それを帳消しにするくらいの素敵な体験もした。

晴れた日。
作業船が来ないとき、やぐらの上から見る海は、
この世のどんな宝物もかなわないほど美しかった。
青と緑のあらゆるバリエーションを見せながら千変万化する海の色。
海面にきらきらとこぼれ落ちる陽の光。
海底まで透きとおった水の中を泳ぐ色とりどりの魚たち。
水面を銀色にきらめかせて通り過ぎる稚魚の群れ。
サンゴ礁に砕ける真っ白い波…。
周りを全部、それらに囲まれて、
ただぼーっと、無心に眺めている時間は、私にとって至福のときだった。
深い藍色を湛《たた》えた水平線を眺めていると、
心がのびのびと解きほぐされていった。
あんなことがなければ、あんな体験は一生、することもなかっただろうなぁ…。
私は今も、それを大切な宝物として、心の中にしまっている。

辺野古のウミンチュ（海人）たちが基地を造るための調査に雇われた。
彼らは「作業船」や「警戒船」「監視船」などの看板を付け、
作業員や資材を載せた自分の船を操縦して、私たちに迫ってきた。
海で生活している人たちが、
海を壊す仕事に駆り出されていること、
顔見知りの彼らと敵対しなければならないことが悲しかった。

賛成派のにぃにぃと海の上で会った。
ベテラン操縦士の操る船に、
生まれて初めて漕ぐカヌーで私たちは立ち向かい、さんざん翻弄された。
イヤと言うほど危険な目にも会ったが、
そうやって調査が邪魔され、なかなか進まないので、
にぃにぃはイライラして私たちに悪口を投げつけた。

警戒船
愛華丸

木の葉のような私たちのカヌーの周りを全速力でぐるぐる回り、
大波を立ててカヌーをひっくり返そうとしたお兄さん。
「ババァ！　もっと近付いてやろうか」
と脅しながら突っ込んでくることもあった。
でも、休憩時間に見せる笑顔はかわいくて、少し気持ちがほぐれた。怖かったよ。
一日が終わると、お互いにホッとするね。

海の上で作業をしようとする人たちと、
それをさせまいとする私たちが敵対関係になるのは当然だ。
実際、初めの頃の攻防はかなりきつかった。

しかし、それが長くなってくると、毎日顔を合わせ、言葉を交わす機会も増えるにつれて、お互いに「親しみ」に似た感情が芽生えてきた。

現場のつらさを共有していることもあり、

「おはよう」

「元気？」

「昨日は休んでいたけど、大丈夫？」

「風邪、治った？」

などの挨拶が日常になった。


「私だって基地はイヤですよ。こんな仕事はやりたくないけど、家族を養わなくちゃならないしね、つらいんです」と話してくれる作業員もいた。

反対行動の応援に来ていた若い学生にロープの結び方を熱心に教え、覚えが早いと喜んでいた作業船の老ウミンチュは、彼が帰ってしまうと淋しそうだった。

そんな数々の、人間的な触れ合いの思い出も、私のもう一つの宝物だ。

あんな場面で会ったのは不幸かもしれないけれど、あんなことがなければ一生、出会うことはなかったかもしれないのだから。調査に雇われたウミンチュや作業員たちと、私たちが解り合えたとは思わない。考え方、生き方はやっぱり折り合わないままだと思う、たぶんね。

でも、お互いが人間どうしだと感じあえた体験はとてもいとおしく、懐かしい。

「ヒサ坊」
の愛称で親しまれている彼は
いつもマイペース。
海とお酒と踊りを愛し、
船には必ず2合瓶を載せている。
やぐらの上で寒がっている人に
熱いコーヒーを入れて届け、
三線に合わせ、独特の踊りで
テントに座る人たちの気持ちを
ほぐしてくれた。

ヒサ坊も昔は若かったんだ！
長いことやってきたんだね、お互いに…。

集会でも、街の中で会っても、いつもおしゃれな美智子さん。

どんなにしんどいときでも笑顔を絶やさない佐代子さん。
周りを元気にしてくれる。

２００５年９月、ついに海上のやぐらが撤去された。
多くの人々の力で海上基地を追い返したのだ。
しかし、喜ぶ暇もなく、
今度は、辺野古の沿岸を埋め立てて基地を造ると日米両政府は決めた。
２００６年、辺野古の海と人々を、またもや暗雲が覆い始めている。
２００６年３月５日、３万５千人が参加した県民大会。
みんなが集まるのはうれしいけど、いつまでやらなくちゃいけないの…？

辺野古
座り込み開始
686日
県内移設
沿岸
案
反
O BASE
LOVE
LIFE

リーフの上を軍用ヘリが飛ぶ。

外からの魔物を追い払うシーサーのように、

大きな岩が天を睨む。

おじぃ、85歳。まだまだ死ねない

「辺野古・命を守る会」で「おじぃ」と言えば、
男性最長老の嘉陽宗義《かようむねよし》さん（85歳）のことだ。
1997年1月、
辺野古で真っ先に声を上げた比嘉盛順さんに感動し、手作りのビラを作って、
辺野古の人たちに会の結成を呼びかけた。
以来、今日まで、反対運動のあらゆる場面に、「嘉陽のおじぃ」の姿がある。
嘉陽のおじぃと妻・芳子さんの夫婦仲の良さは、見ていてうらやましいほどだ。
おじぃは何をやるときも必ず芳子さんに相談し、どこへ行くときもいっしょに出かける。
声を掛け合いながら畑を耕すのは健康のためでもあり、2人の楽しみでもある。
畑を通りかかったら、採れたての新鮮な野菜を持たせてくれた。

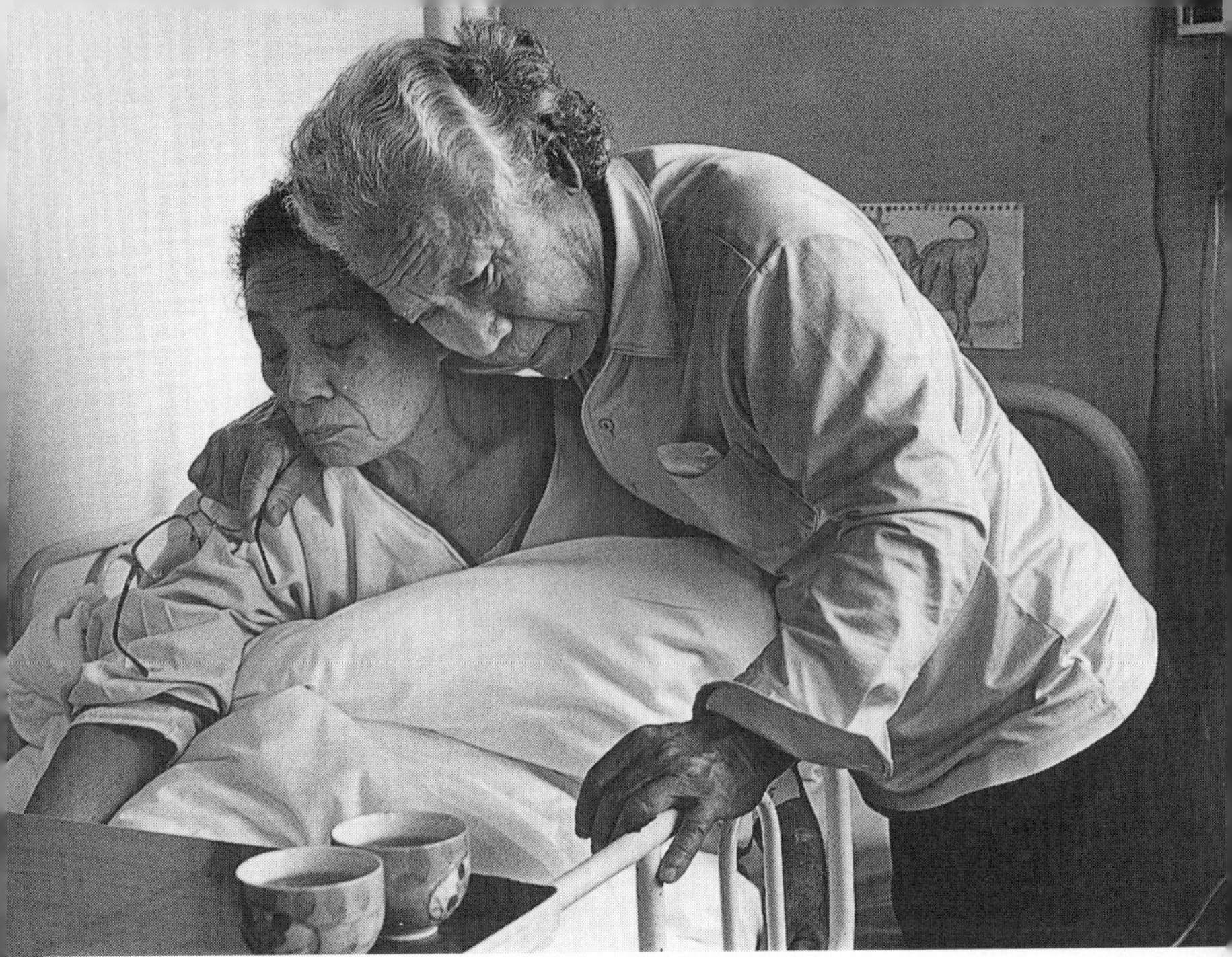

「辺野古・命を守る会」の中に、
その老人部とも言える「ジュゴンの会」ができた。
仕事が忙しかったり、
子育て中の若い人たちが思うように動けないときでも、
おじぃ、おばぁたちが自由に活動できるようになった。
嘉陽のおじぃはその会長として、
おばぁたちの先頭に立って声をあげる。

「年寄りを怒らせたら、
こわいぞ！」

1997年4月、芳子さんが目の病気で緊急入院した。
もう少し遅かったら失明の危険もあった。
自分が苦労をかけすぎたせいだと、おじぃは言う。
病院のベッドで、
「ぼくの大切な宝」を抱きしめる嘉陽のおじぃ。
2人の目に涙が光る。

基地建設のための海底調査を止める座り込みに、
全国からたくさんの若者たちが応援に駆けつけた。
戦争を知らない彼らに、おじぃが語り伝えることは多い。
かつて海軍に徴兵され、負傷した傷が今も痛むというおじぃが
「弾《たま》に当たったら痛いんだよ」
と真顔で話す。
体験のない若者たちにどう実感してもらうか、おじぃは真剣だ。

命どぅ宝
YA BASTA

現在、キャンプ・シュワブになっている辺野古崎には、
辺野古の人々の田んぼや畑がたくさんあった。
嘉陽のおじぃも若い頃、そこに通って農作業をした。
「農業はいちばんの楽しみだった。
弁当を持っていく必要はなかったよ。
薪と鍋、水と味噌だけ持っていけば、
お昼はお腹いっぱい食べられた。
畑にはイモがあるし、昼になったら目の前の海に行く。
お湯を沸かしている間に、魚や貝が捕れた。
おみやげまで持って帰れるほど、豊かな海だったね」

2006年1月、
辺野古公民館で辺野古区主催の生年合同祝いが行われた。
数え85歳になった嘉陽のおじぃもその一人。
久しぶりに正装して、晴れの席に座る。
親戚や近所の人たちから長寿のお祝いとねぎらいを受けて、
思わず頬がゆるむ。

公民館から自宅に場を移し、
改めて85年の思いを噛みしめる。
大病もわずらったし、心労も多い。
体調を崩して妻にも心配のかけ通し。
「いつ死んでもいいとは思うが、
世の中の流れを見ると、まだまだ死ねないね。
命のある限り、できることをやっていくよ」

嘉陽宗義
平成十八年一月吉日
深山咲く蘭ぬ
匂どぅゆく増しゅる
たとぅい見る人や
居らんあてぃん

WARNING
警告
RESTRICTED AREA - KEEP OUT
AUTHORIZED PERSONNEL ONLY

辺野古の浜。
有刺鉄線の向こうは米海兵隊基地キャンプ・シュワブ。
分けられた2つの世界。

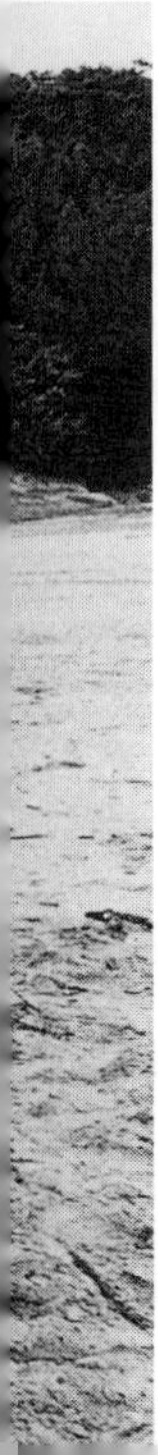

辺野古のハーリーに参加した米兵たちが
キャンプ・シュワブへ帰っていく。

え？

なんで？

どうして米兵だけが
簡単にフェンスを超えられるの？

海を隔て、心も隔てる。
そして、どんどん遠くなる

有刺鉄線が増殖を続けている。境界線

基地撤去
普天間高校
地位協定破棄
普天間高校
琉球バス・沖縄バス
BUS STOP
大
伊
佐↔第

過疎のムラが立ちあがった

辺野古に隣接するキャンプ・シュワブの北端から長い坂道を下ると、
大浦湾に面した二見《ふたみ》の集落に出る。

ここから北へ約20キロ、海沿いに、
あるいは山と山の間に抱かれるように点在する10の小さな集落
二見、大川、大浦、瀬嵩《せだけ》、汀間《ていま》、三原、安部《あぶ》、嘉陽、底仁屋《そこにや》、天仁屋《てにや》をまとめて
「二見以北十区」と呼ぶ。

東村へ
有津《あっつ》
有津川
オーシッタイ入口
オーシッタイ
天仁屋入口
御神松
推定樹齢250年 幹の周り約5m
レストラン
サザンウッド
12:00~22:00
定休 水曜
底仁屋《そこにや》
底仁屋
天仁屋小学
天仁屋《てにや》
底仁屋地区会館
天仁屋川
天仁屋
天仁屋共同売店
天仁屋地区会館
ここからの眺めはすばらしい!
名護国頭線
ハング・パラグライダー 嘉陽エリア
ここに看板あり
海沿いに集落
川を挟んで山沿いに
キビ畑が広がる
嘉陽川
嘉陽《かよう》
安部《あぶ》
じんぶん学校
電気もガスもないやんばるのくらしを
まるごと体験
ジュゴンの見える丘
(ハング・パラグライダー 嘉陽エリア)
長い砂浜
宮城商店
安部地区会館
安部オール島
川
校庭のすぐそばは
砂浜!
文嘉陽小
食事処「和《かず》」11:30~20:30
定休 火曜
嘉陽共同売店
嘉陽地区会館
共同トイレ・シャワー

二見《ふたみ》以《い》北《ほく》十区マップ
至名護市街地
大川
大川集落センター
大川
大浦川
マングローブ林
名護学院
大浦
大浦集落センター
大浦共同売店
二見《ふたみ》
楚久
二見
スキンダ
杉見
パーラーふたみ
食事以外にも漂流物のブイで作ったポストや花だんなど販売
二見区コミュニティセンター
キャンプシュワブ
汀間《ていま》
瀬嵩《せだけ》
久志中
汀間
瀬嵩
汀間漁港
志根垣
三原
三原
汀間川
カヌチャリゾート
カヌチャゴルフコース
上原
喫茶 朱呂義
11:00〜21:00
定休火曜
三原地区会館
さらばんじ食堂
居酒屋やんばる船
汀間ストア
汀間地区会館
名護市消防署久志出張所
久志診療所
當真鮮魚店
サシミ屋
じゅごんの里
カヌーやとうふ作りなど体験ができる
久志小
JAおきなわ久志支店
久志郵便局
名護市役所久志支所
瀬嵩区公民館
瀬嵩共同売店
ガソリンスタンド
共同トイレ
十区のオバーたちが畑で採れた野菜や手作り惣菜などを持ち寄っている
朝市
毎週土・日
Cafe いしぐふー
11:00〜夕暮れ
定休 火・水曜

西海岸にある名護の市街地から山を越え、車で15分も走ると、そこはまるで別世界。東海岸の二見以北十区は、同じ市域とは思えないほどひっそりと静まりかえっている。山が海まで迫るこの地域で、人々は昔から、小さな川の河口や山間のわずかな平地にしがみつくように田畑を作り、サンゴ礁の内海で漁をし、山に入って薪を採り、慎《つつ》ましい暮らしを重ねてきた。

U字形の美しい曲線を見せる安部の浜。
今日は年に一度の海神祭《かいじん》。
海の神さまに感謝し、豊漁を祈願する行事のあと、
部落総出でハーリー、綱引き、相撲を行う。
安部の綱引きは、珍しい男女対抗だ。
開始の太鼓をたたくのは、今は亡きウミンチュ・小橋川《こばしがわ》さん。
子どもからお年寄りまでの女性たちが、
普段鍛えた体力で男性陣を破ると、大きな歓声が上がった。

「地の果ての美しさ」と言った人がいる。

敗戦直後に
この地域を訪れた米海軍政府将校は
「丘は海岸に向けて急勾配に落ち、
海岸には岩がそそり立っている。
実に雄大な眺めだ」
と絶賛したという。

当時のままの風景が、
今もここには残っている。

6:30
すこやか
起床 6:30
帰
家庭学
生活リズム
久志中学校区学力向上

辺野古にキャンプ・シュワブができたあとも、
二見以北十区は「基地の街の賑わい」とは無縁だった。
嘉陽の集落はいま、65歳以上が人口の約半数を占める。
私の息子が通っていた6年前、
全校生徒12人だった嘉陽小学校は現在数4人。
十区の最大の悩みである過疎化・高齢化は、進む一方だ。

我が命!!
ポート。
汀間区
MM45B

そんな地域の悩みにつけいるように持ち込まれた米軍「海上ヘリポート」建設計画。
確かに地域振興は必要だ。若者たちが帰ってこれるような仕事が欲しい。
しかし基地は、静かな生活も自然も壊してしまう。
お年寄りや子どもたちには耐えられない。
海がこれ以上汚されるのはごめんだ。

市民投票で海上ヘリポートの賛成・反対を問うことになった。
農民、ウミンチュ、公務員…。
汀間の住民たちは公民館に集まり、
大人も子どももいっしょになって大きな看板を作った（１９９７年６月）。
大浦湾を見下ろすように立つ看板は、湾沿いの道路を通る車からもよく見える。

1997年10月、
「ヘリ基地いらない二見以北十区の会」が結成された。
会場は、瀬嵩にある名護市久志支所ホール。
入りきれないくらいの人々の熱気に満ちていた。
お年寄りから子どもたちまで、山奥からも駆けつけた。
赤ちゃんを抱いた若夫婦の姿もあった。
人口2000人足らずの地域で500人以上もの人々が集まったのだ。
「この地域に基地はいらない」という共通の思いを行動に移していこうと、
嘉陽の宮城《みやぎ》廣《ひろし》さんが代表に選ばれた。

129　二見以北10区

市民投票は
商店街に活力を 若者に職場を
環境対策や経済効果が期待できるので 賛成に○
投票日 12月21日(日) 名護市商工会
は「反対」に○
のない名護でこそ
いらない思いは地域の総意です!
域を犠牲にしないで下さい!!
以北 10区の会

二見以北各区の区長たちが反対運動の先頭に立った。
文字通り地域ぐるみの運動だった。
名護市街地で、横断幕を持つ宮城代表や区長らを先頭にデモ行進。
西海岸の市民に久志地域の思いを訴えた。

海上ヘリポートの賛否を問う市民投票を実現するための署名を集めてまわる。
瀬嵩のトミさん、智佳子さん、さと子さんが、
近くの伊波《いは》和子さん宅を訪ねて書いてもらった。
90歳を過ぎても集会や勉強会に積極的に参加し、新聞投書もする和子さんは、
みんなに敬愛されている十区の最長老おばぁだ。
沖縄戦直後に猛威を振るったマラリアで夫を亡くし、
女手一つで子どもたちを育ててきた。

一昨年、カジマヤー（数え97歳）のお祝いをした和子さん。
もうあまり外には出ないけど、基地問題にはずっと心を痛めている。

勝った！

勝った！

ばんざーい！

仕事を休み、子どもたちもほったらかしでかけずり回った市民投票。
賛成派に罵倒され、切り崩しにあい、くやし涙を流したこともたびたびあった。
でも、そんな苦労も報われた。
１９９７年12月21日は記念すべき勝利の日となった。

これで基地を撃退できると誰もが信じたのに、

名護市長は
わずか3日後に
基地受け入れを表明して
辞任した。

あまりのショックに唖然、呆然…。

1998年2月に行われた出直し市長選挙は、
反対派候補と賛成派候補の接戦となった。
ハラハラしながら開票の行方を見守る十区の会の女性たち。
まさかの敗北に悲痛な叫びが漏れる…。

おばぁパワー

嘉陽に住む比嘉美佐子さんは息子とともに、
広いハウスでキュウリとピーマンを生産している。

美佐おばぁが丹誠込めて育てた野菜たちは、肌がつやつや。みずみずしくて食欲をそそる。

忙しい仕事をやりくりしながら9年間、基地反対の行動にかかわってきた。

那覇はもちろん、東京まで行ってデモをしたり、県や政府に直接訴えたこともある。

いくら訴えても政府は耳を貸さないし、反対運動の参加者も減ってきた。


でもね、沖縄戦のあの悲惨さを知っているから、基地はぜったいに造らせたくない。

同じ体験をしたはずの人たちが、なんで基地に賛成するのか、わからないさ…。

141　二見以北10区

嘉陽のおばぁたちはみんな海が大好きだ。

大潮を待ちかねるように、誘い合って目の前の海に出かける。

男たちの舟に乗せてもらい、干潮のサンゴ礁でカゴいっぱいのウニやサザエを採ってくる。

プロのウミンチュも顔負けだ。

美佐おばぁの家から海までは30秒。

農作業の合間や昼休みに、浜へ出て竿を振る。

釣れても釣れなくても、海はやっぱりいいねぇ…。

めぼしい産業のない地域に、基地が来れば活性化すると政府は宣伝する。
そんなヒモ付きでなく、自分たちの力で地域おこしをしようと、
十区のおばぁたちは自分の畑で穫れた野菜や手作りの惣菜を持ち寄って、
週末の「朝市」を始めた。
おばぁパワーは、殺人的なカンカン照りにも暴風雨にも負けず、もう6年以上も続いている。
常連客も増えて、地域にすっかり定着した。

私の買い物の定番は、美佐おばぁの卵とキュウリ、
ツルおばぁのソーミンチャンプルと野菜天ぷら、
ウメおばぁのサーターアンダギー…かな。

市長は
二見以北10区の会

「基地にたよらず命の自立」

選挙に負けても、おカネをあげると言われても、大切なのはやっぱり「いのち」。

デモの先頭に区長たちの姿は見えなくなったけど、
十区の女性たちは胸を張って名護市街を歩く。

市民投票の前、家族そろって基地反対のデモに参加していた東恩納《ひがしおんな》琢磨《たくま》さん。

瀬嵩に住む琢磨さんは当時、土木・建設会社に勤めていた。

道路や橋を造り、地域の人々に喜ばれる建設業は彼の誇りだった。

同じ工事でも、地域の自然と生活を壊す基地建設には賛成できなかった。

初めは会社に勤めながら反対運動に参加していたが、
社長が基地建設に賛成している会社には居づらくなった。

悩んだ末に会社を辞めた。

151　二見以北10区

会社を辞めた塚磨さんは、
ジュゴンの住む大浦湾の自然を守り、活かす「じゅごんの里」づくりを始めた。
大浦湾や周辺の自然をカヌーなどで体験するツアーは次第に人気を呼び、
訪れる修学旅行生も増えつつある。
「ジュゴンを守ることは生活を守り、地域の発展につながる」
訴える声にも力がこもる。

そんな末っ子長男を見守る東恩納寛盛《かんせい》・文子さん夫妻。

息子の悪口を言う人もいるが、

「琢磨は正しいことをやっている」と、文子さんはキッパリ。

「働くのがいちばん楽しい。

おカネをもらって遊ぶのは苦しいよ」が口癖の文子さんは、近所でも評判の働き者。

リハビリ中の夫をかばいながら、畑仕事に精を出す。

宮里竹子さんは夫と2人で長年、瀬嵩共同売店を運営してきた。
共同売店は、遠くまで買い物に行けないお年寄りの生活を支え、
情報交換の場にもなっている。
基地問題の集まりや反対行動のお知らせの案内も、
竹子さんが売店に張り出してくれる。

竹子さんの母親の金城ウメさんが買い物に来た。
90歳を過ぎて一人暮らしのウメおばぁは、売店でゆっくりしていくことが多い。

いっしょに働いてきた夫の松吉さんが亡くなった。
具合が悪くなってから亡くなるまで、あまりにも速くて心が追い付かない。
遺影を胸にして、じわじわと実感が込み上げる。
夫が店にいてくれるから参加できた反対行動にも、あまり出られなくなった。

ウメおばぁはウガンサー（拝みを取り仕切る人）だ。

十区の会で岸本前市長のマブイグミ（魂込め）をやったときも、おばぁにお願いした。岸本さんが基地を受け入れたのは、マブイを落としたからだと考えた私たちは、彼の家に向かって隣の公園からウートートー。

マブイを入れる儀式をやったのだが、私たちの手順が悪くておばぁに叱られた。


ウメおばぁは豪快な笑いで、この世のすべてを笑い飛ばす。

この地で生きる

大浦湾に面した汀間漁港で、
大漁したアカジンミーバイを手に誇らしげな勢頭弘敏《せどひろとし》さん。

１９９７年12月、市民投票の直前だ。

こんなに豊かな大浦湾に基地を造って汚したくない、市民投票に勝ちたいと、強調していた。

名護市漁業協同組合汀間支部の支部長を務めた勢頭さんは、父の代からのウミンチュ。

大浦湾は、父が潜って魚を捕り、自分たちを育ててくれた海でもある。


「海の上にいると心が晴れ晴れするんだよ」

２００５年10月、日米両政府が合意した「辺野古沿岸案」は、
キャンプ・シュワブの岬の先端から大浦湾を大規模に埋め立てる計画だ。
勢頭さんはこれを「最低最悪の案」と言う。
「こんなものを造らせたら、大浦湾は軍港にされてしまう。
　ウミンチュは生活できなくなる！」

２００５年12月、大浦湾を埋め立てる基地建設計画に反対する海上パレードが行われた。

続々と汀間漁港に集まる船を見て、勢頭さんはうれしそう。

47隻もの船が大浦湾に大きな円を描いた。

天気予報とは逆に、穏やかな海面に冬の太陽がきらめき、海の神さまの贈り物のようだった。

昔、子供だった
大人達よ
今こそ思い出せ
くもの糸を今の子供達に久志
地域の豊かな自然を残してあげよう
ヘリポートはい
二見以北10区の会
20～30億？
100円？
あっ
MONEY
少女に
こたえて
あげよう
瀬嵩10区
イナミネ
名護市における米軍のヘ
市民投票は12
本部

市民投票のとき、名護市役所前で、当時中学生だった娘の書いた看板を立て、
それに黙って寄り添っていた瀬嵩の稲嶺盛良《いなみねもりよし》さん。
「くもの糸」は切れてしまったの？
あれから9年。子どもだった娘も大人になった。

どこからか降ってくるおカネを当てにするより、
足元から、自分の手で暮らしをつくりあげたい。
盛良さんは、リュウキュウイノシシと豚を掛け合わせたイノブタを育て、
殖やしていく地道な努力を続けている。
それは少しずつ成果を上げ、
盛良さんのイノブタを使う近所の食堂は、味の良さで評判だ。

２００５年11月、
汀間漁港で、地域おこしのための「わいわい祭り」が開かれた。
祭り会場で、**幼なじみ**の友だちと笑顔で語り合う盛良さん。
同じ地域に生まれ育ち、ずっと仲良しだったのに、
基地問題で**賛成派と反対派**に分かれ、
ぎくしゃくしたときはつらかった。
盛良さんは次第に反対運動の表から身を引き、友だちは賛成運動をやめた。
賛成しても反対しても、地域がよくなったとは思われない。
いま、こうして笑いあえるのがうれしい。

いがみあうのは、もうごめんだ。

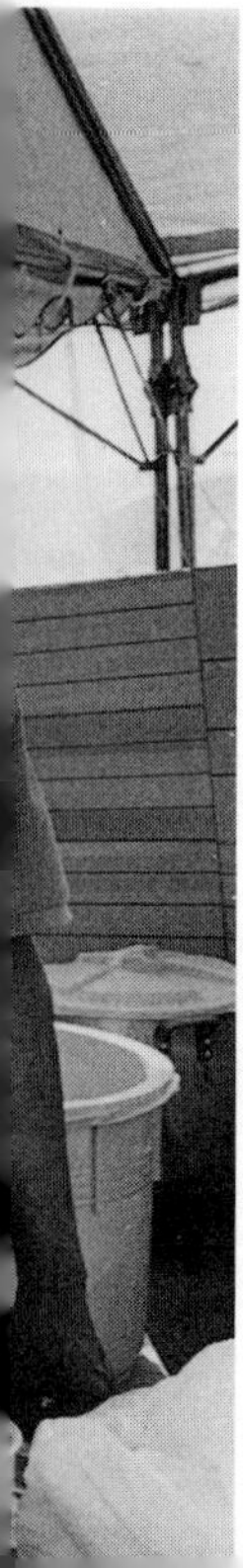

Orion

Del Monte
PREMIUM BANANAS

三原でマチヤグヮー（商店）を営む大城美江子さんの店へ、
自宅で食堂を開いた嘉陽の宮城廣さんが買い物に来た。
9年前、デモ行進をいっしょに歩いた愛する長男を、
つい最近、亡くしてしまった美江子さん。悲しみはまだ癒えない。
廣さんにもこの間、いろいろなことがあった。

それでもこの地で生きていく。

泣いて激論した日もあった

2006年1月22日、名護市長選挙が行われた。辺野古と大浦湾の沿岸を埋め立てる基地建設計画（辺野古沿岸案）に、二見以北十区の住民たちは、騒音や墜落の危険でこの地域に住めなくなるのではないかと不安を募らせていた。何よりも、この9年間、地域の人々を分断し、さんざん苦しめてきた基地問題にみんな疲れ果てている。基地反対の市長を誕生させて、この苦しみをもう終わりにしたい…。それが地元住民の切なる願いだった。

世論調査では、名護市民の大多数が「辺野古沿岸案」に反対していた。また、市民投票のとき、振興策に期待して「賛成」に票を入れた人の中にも、この間の振興策が地元のためには何も役に立たなかったと感じて、今回は反対するという人もたくさんいた。基地反対側が勝つ見込みは充分にあったのだ。

しかし、残念なことに、基地反対側から2人の候補者が立ち、多くの人々が一本化に努力したが、ついに実らなかった。

分裂選挙が避けられない中で、私たちは、基地反対の2人の候補者のうちどちらを選ぶのか、ぎりぎりの選択を迫られた。

これまで基地反対の行動をいっしょにやってきた名護市議の大城ヨシタミさんか。それともかつて市議会与党として条件付きで基地を受け入れたけれど、あまりにも地元を無視した政府のやり方に我慢できなくて「反対」にまわった我喜屋《がきや》むねひろさんか。

ヘリ基地いらない二見以北十区の会はこの数年、運動への参加者が激減したため休会していたが、基地計画がいよいよ地元に迫ってくる中で、休んでいるわけにいかなくなった。選挙について何度も何度も話し合いを持ち、何とかして一本化できないかと最後までできる限りのことをやった。

一本化はほぼ不可能だと思われる中で、どちらを支持すべきか決断できないでいる私たちの背中をドンと押してくれたのは、「朝市」のおばぁたちの一言だった。

「選挙は勝たなきゃ意味がないよ。どんなにいい人でも、どんなにがんばっていても、負けたら基地が来てしまうんだよ」

そして、私たちは、十区の住民の多くが「勝てる見込みのある候補者」だと判断している我喜屋さんを、十区の会として支持することを決めたのだった。

2006年1月15日、我喜屋むねひろさんの名護市長選出発式に、十区の会の幟《のぼり》を持って参加した。

泣きながら激論したあげく、告示ぎりぎりにやっと出した結論だった。

これでよかったのか…。胸の中にはまだ迷いがよぎる。

しかし、出発式で

「市民投票の時点に市政を戻さなければならない」

「市長の権力を市民の側に取り戻そう」

と呼びかけた我喜屋さんの言葉で、私の迷いは吹っ切れた。

以降、投票日までの1週間、私たちは全力で我喜屋勝利をめざして、慣れない選挙運動にかけずり回った。

あなたの
心が
名護市を変える
政治家の通信
はウソつき
者はみんな

野古の海
58-61

辺野古のおばぁたちは、反対運動の苦労や喜び、悲しみを長年、ともに味わい、支えてくれた大城さんを心から信頼し、支持していた。何としても大城さんを当選させたいと、普段は表に出ることを好まないおばぁたちが進んで名護市の目抜き通りに長時間座り、声を枯らして、道行く人々や車に大城さん支持を訴えた。

辺野古の座り込みや海上行動をいっしょにやってきた多くの人たちも大城さんを支持していた。大城さんでなく「元・賛成派」の我喜屋さん支持を打ち出した私たちを、「裏切り者」だと言う人たちもいた。

何よりも、この8年間、協力しあって反対運動をやってきた辺野古のおばぁたちと、意見や行動を別にしなければならないのがつらく、悲しかった。おばぁたちが自然の成り行きとして大城さんを支持するのは、よくわかった。しかし、「選挙は勝たなければ意味がない」という十区のおばぁたちの判断を尊重する私たちの気持ちもわかってほしかった。

支持する人は異なっても、めざす目的は同じ。選挙が終わればまた仲良くなれると、私は信じていた。


市長選挙にかけた私たちの悲願は実らなかった。

分裂選挙ではやはり勝てず、1999年に基地を受け入れた岸本前市長の後継者である島袋吉《よし》和《かず》さんが当選した。

基地反対候補2人の合計票は、島袋さんの票に少し足りなかったけれど、もし一本化できていれば勝てただろうと、誰もが思った。分裂選挙に嫌気がさして投票に行かなかった人たちが少なくなかったからだ。残念だった。


そして、反対運動の中に選挙のしこりも残った。

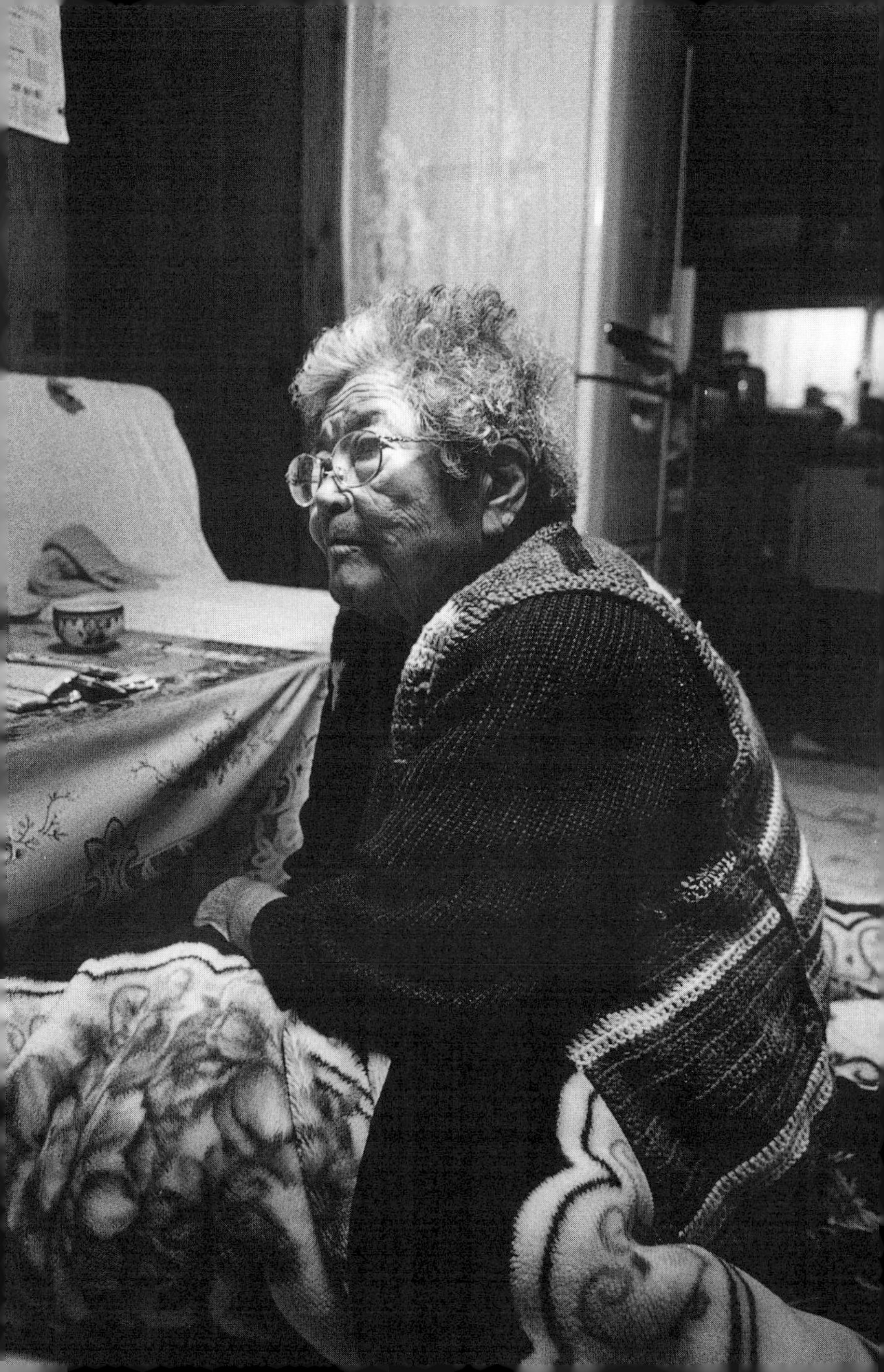

市長選挙のあと、辺野古の小禄《おろく》信子さん（86歳）を、真生さんといっしょに訪ねた。
小禄さんは那覇《なは》出身だけど50年間、辺野古で暮らしてきた。
今は一人暮らしなので、子どもや親戚から「那覇に帰ってきたら」と勧められるが、
辺野古がいいと断っている。
基地に反対するのは辺野古への恩返しだと、
痛む足をかばいながら、おばぁたちの先頭に立ってがんばっている。
市長選挙でも、ほんとうに必死で大城さんを応援した。

大城さんの勝利を信じていた小禄さんは、がっくりと気を落としていた。心が痛かった。

それでも、「選挙は終わったんだから、また、みんなで仲良くがんばらないとね」

と言ってくれた。うれしかった。

でも、人の心はなかなか思うようにいかない。

小禄さんとも、辺野古の他のおばぁたちとも、切れた糸はいまだにうまく結べないままだ。

片思いはつらいよー。

しかし、落ち込んではいられない。基地計画はいよいよ目の前に迫っているのだ。

選挙は負けたけど、選挙を通じて地域住民のつながりが確かめられたのは大きな成果だった。

休会していた十区の会を正式に再開しようという元気が湧いてきた。

市長選後の２００６年2月3日、
ヘリ基地いらない二見以北十区の会は再開総会を行って再スタートした。

ヘリ基

2006年3月5日、
「沿岸案」に反対する県民大会が宜野湾市海浜公園で開かれ、3万5千人が集まった。
十区の会では、藍色の地に「大浦湾を守れ！」と白抜きした横断幕を新調し、
バスをチャーターして県民大会に参加した。
「沿岸案」の地元から、渡具知《とぐち》智佳子《ちかこ》さんが子を持つ母親としての思いを、
勢頭弘敏さんがウミンチュとしての決意を語り、大きな共感の拍手を浴びた。

大浦湾を
ヘリ基地いらない、

県民大会に参加したツルおばぁと美佐おばぁ。
心配していた天気もあがり、すがすがしい青空と、
続々と集まってくる人たちのにぎやかさに、笑みがこぼれる。

ツルおばぁ

大城ツルさんの元気の源は毎日の畑仕事だ。
寒くても暑くても、少々の雨でも畑に出ないと落ち着かない。
ツルおばぁは瀬嵩に生まれ、
数え16歳から20歳まで、
親が田んぼを買うために4年の年季で糸満のボタン工場へ働きに出された以外は、
ずっとシマで暮らしてきた。

85歳とは思えない軽快なハンドルさばき。

さっそうとペダルを踏んで、ツルおばぁが「朝市」へ出かける。

荷台とカゴに載っているのは、朝市に出す野菜や惣菜だ。

朝市のある週末は、朝6時に起きてムーチー（月桃《げっとう》の葉に包んで蒸した餅）を蒸し、

ソーミンチャンプルを炒め、天ぷらを揚げ、9時前には店を出す。

やがて美佐おばぁも嘉陽からやってくる。2人は朝市の2本柱だ。

6年以上もやってきて、手順はすっかり慣れたと思うけど、

「たまには休みたくならない？」と聞いたら、

「仕事だと思ってやっているからね」

「朝市仲間」のおばぁたちが
ツルさんの家に集まった。
子どもたちが独立し、夫が亡くなって、
広い自宅に1人暮らしのツルおばぁの家は、
ユンタク（おしゃべり）どころ。

ご先祖や夫の位牌をまつった神棚に向かって、
離れて暮らす子や孫たちの健康と安全を祈る。
街で一緒に住もうといってくれる子もいるけれど、
生まれ育ったシマがいちばんいい。
反対運動で顔が出ると、子や孫に迷惑がかかったり、
何か言われるかも、
と、遠慮がちだったツルおばぁが、
最近では、「どこにでも出ていくよ」
と言ってくれるので、心強い。

岸本建男さんの遺言

1998年2月から2006年2月まで、2期8年を務めた前名護市長の岸本建男さんが、2006年3月27日、亡くなった。健康状態がすぐれず、3期目出馬を断念。病身を押して現市長・島袋吉和さんの選挙応援をしたばかり。62歳の早すぎる死だった。

亡くなる5カ月前、真生さんの求めに応じて、笑顔で写真におさまる建男さんと妻・能子《たかこ》さん。愛妻家だったという。

沖縄の日本復帰直後、当時の大型土木建設ブームに疑問を投げかけ、自然や伝統文化など、おカネに代えられないやんばる（沖縄島北部）の豊かさを大切にして、身の丈に合った開発をしていこうという名護市の「逆格差論」が注目を集めた。若き日の建男さんはそのリーダーであり、彼に惹かれて名護市に移住した人たちもいる。

その人が、大型工事の典型である基地建設を受け入れるまでのいきさつは知る由もないが、1999年の受け入れの際に彼が付けた7つの条件は、それを満たせば基地建設などできないような条件だった。それは彼のぎりぎりの駆け引きだったのだろうか？

基地に狙われた地元住民である私たちにとって、市長としての彼は、批判と抗議の相手でしかなかったけれど、基地問題をめぐる葛藤が彼の死期を速めただろうと思うと、胸が痛む。死の直前、建男さんは島袋現市長に「沿岸案を受け入れるな」と遺言したと聞く。

2006年4月2日、岸本建男さんの市民葬が行われた。天も泣いているかのような大雨の中、21世紀の森屋内運動場で行われた葬儀には続々と市民が詰めかけた。

祭壇に置かれた遺骨を見て、「ほんとうに死んでしまったんだ」と実感した。「建男さん、骨になる前にきちんと話したかったね…」と、私は心の中で呼びかけた。額賀《ぬかが》防衛庁長官や麻生外務大臣など政府要人が真っ先に献花する。私は、「半分はおまえたちが殺したんだろう‼」と叫びたい気持ちだった。

岸本建男さんの市民葬からわずか5日後の4月7日、島袋市長は岸本さんの遺言を裏切って、辺野古・大浦湾沿岸を埋め立てる基地建設計画に合意した。それも、2本の滑走路をV字型に造るという、唖然《あぜん》とするような中身で。

住宅地の上を軍用機が飛ばないよう、着陸時と離陸時で2本の滑走路を使い分けるという政府の説明を信じる人は誰もいない。海の上だけで米軍ヘリの訓練を行うというのもありえない話だと、沖縄に住む人なら誰でも知っている。滑走路が2本になったおかげで埋め立て面積も増えるし、住民が反対しても手を出せないよう、政府は基地の中から工事をやるつもりだ。あまりにも沖縄の人たちをバカにした話だと、県民も名護市民もほとんどの人が怒り、反対している。

しかし一方で、「どんなに反対しても政府は造るんだろうね」と、半分あきらめ顔の人たちもいる。

額賀防衛庁長官と島袋市長が合意した直後、私は自分の住む集落で、抗議集会を呼びかけるビラを配った。戦争でつらい目にあったから基地には反対だといつも言っているおばぁが、そのとき私にこう言った。

「反対したから滑走路が2本に増えたさぁ。これ以上反対すると3本になるよ」

冗談だということはわかったが、こんな冗談しか言えないほど絶望しているんだと感じて、私はショックだった。その夜は、政府が憎くて憎くて、なかなか眠れなかった。

繰り返し、繰り返し

落ち込んでは立ち上がり、また落ち込んでは立ち上がり、そんな繰り返しを、この9年間続けてきたように思う。

もうやめようかと何度思ったことだろう。

それでもやはりまた、黙っていられない、じっとしていられない思いが込み上げてくる。

この方法がダメなら、新しい方法を考え、探し出す。

キャンプ・シュワブ第1ゲート前で毎週土曜日夕方にやっている「サイレント・キャンドル」もその工夫の一つだ。

基地の撤去でも反対でもなく、「いっしょにジュゴンを守ろう」というささやかな呼びかけを掲げて、ろうそくを手に30分間、ただ黙って立つ。

2年も続けていると、休日を楽しみにゲートを出入りする米兵たちが手をあげて共感を示し、通り過ぎる車がクラクションを鳴らしたり、手を振ったりするのがあたりまえになってきた。

「早く終わりたいね」

「でもまだ終わりそうにないね…」

「子どもたちの未来に基地はいらない」

夫婦二人三脚の10年

我が子を守りたい

名護市東海岸、大浦湾に面した瀬嵩に住む渡具知《とぐち》武清《たけきよ》（49歳）・智佳子（44歳）さん夫妻。なかなか子どもに恵まれなかった2人に、念願の子宝が授かったのは1996年、日米両政府が普天間基地の返還に合意した頃だった。

智佳子さんのお腹に芽生えた新しい命が育っていく一方で、「返還」とは名ばかりの県内移設に沖縄中が振り回され、最終的に名護市東海岸がそのターゲットとなった。沖縄の「日本復帰」後初めての新たな米軍基地建設計画に、名護市民は「大事なことはみんなで決めよう」と、「海上ヘリポートの是非を問う名護市民投票」に向けて動き出す。

大きくなるお腹を抱えながら、夫とともに「ヘリ基地」の勉強会に足を運ぶにつれ、智佳子さんの不安と恐怖は募った。やっと授かった我が子を、なんとかしてこの恐ろしい化け物から守りたい…。

1997年6月、長男・武龍《たけりゅう》が誕生。武清さんは市民投票実現のための署名集めを、妻が入院していた病院のお母さんたちから始めた。それまで運動などというものとは無縁だった夫妻の第一歩だった。夫が仕事を終えてから1軒1軒訪ねて回り、対話しながら2週間で500人以上もの署名を集めたことに、智佳子さんは驚いた。

もっと驚いたのは、投票日1週間前に夫が「街頭に立って地元の思いを訴えたい」と言い出したときだ。

武清さんの職業は測量士。道路や橋など公共事業の工事現場が仕事場だ。智佳子さんも夫の仕事を手伝う。取引先のほとんどが土木関係で、基地賛成派が多い。街頭に立って顔を見られたら、仕事を失うのではないかと智佳子さんは心配し、反対した。

しかし、「地元でなければわからない不安な気持ちをどうしても伝えたい」と言う夫の熱意が智佳子さんを動かした。翌日から、ハンドマイクで訴える夫と、生後6カ月の息子を抱き、のぼりを持つ妻との二人三脚が始まった。

地道な活動

市民投票のときの名護市の雰囲気は異様だった。

日本政府は、この基地が「どんなにいいものか」を宣伝するきれいなパンフレットを作って1軒1軒配って回り、有名歌手のコンサートなどで賛成する人を増やそうとした。

基地反対を呼びかける人々は、さまざまな圧力や嫌がらせを受けた。

にもかかわらず、

名護市民の過半数（53%）が「基地ノー」を選択したのだ。

渡具知さんたちをはじめ地元の人々や多くの名護市民の汗と涙の結晶だった。

しかし、喜びはほんの束の間だった。

1997年12月21日の投票日からわずか3日後の24日、

とんでもないクリスマスプレゼントが名護市に届いた。

比嘉鉄也・名護市長（当時）が、

政府の圧力に負けて「基地受け入れ」表明と同時に

辞任してしまったのだ。

1998年2月、

前市長の辞任に伴う市長選挙で、

反対派候補が僅差で破れ、

前市長の後継者である岸本建男氏が市長に就任した。

この美しい海
にヘリ基地が
作られようと
しています。海
を汚すのも
いっしょです。
みんなでこの
海を守りま
しょう。

ショックと落胆は大きいが、
この子のために
あきらめるわけにはいかない。
大浦湾は、
瀬嵩に生まれ育った武清さんを
幼い頃から見守ってくれた大切な海だ。
この海と我が子。
大切なものを守るために地道な活動が続く。

武龍が満1歳を迎えた。
久しぶりの喜びの宴だ。
賛成・反対に引き裂かれた苦しみ、
基地建設への不安…、
そんな暗雲を吹き払うように、
親戚・縁者、隣近所が集い、
笑顔がはじける。

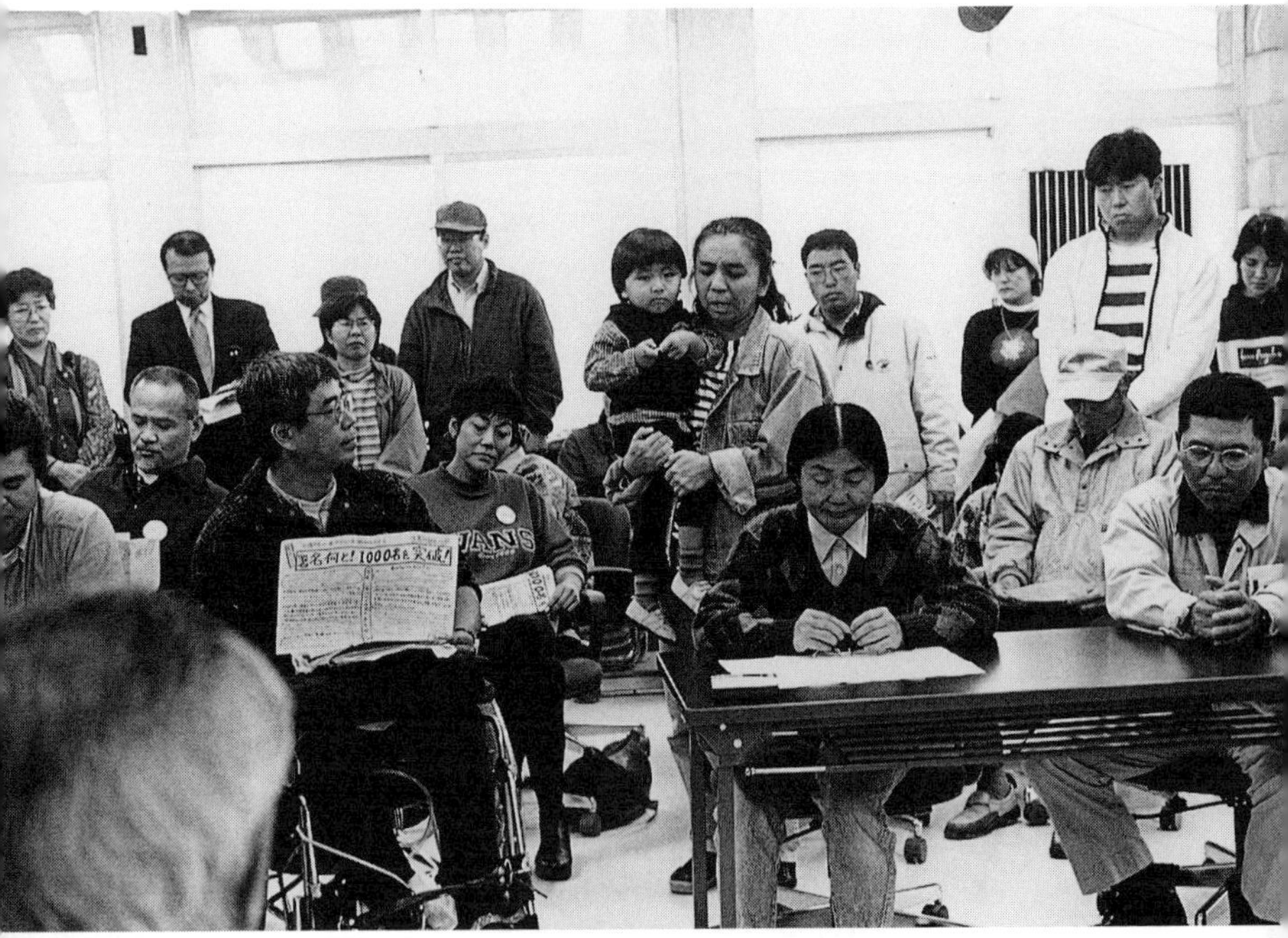
署名何と！1000名を突破！

思いを伝える

1998年、海上ヘリポートに代わって、民間飛行場を兼ねた米軍基地を造ることを公約にした稲嶺恵一《いなみねけいいち》氏が沖縄県知事に就任。その予定地として再び「辺野古」を選定した。

多くの名護市民が反対したが、1999年末、岸本市長はこれを受け入れた。 その翌日、政府が正式決定し、基地建設へ向けた動きが加速した。

もし基地が造られれば大きな被害を受けるはずなのに、地元住民には一度も説明すら行われていない。地域住民の団体である「ヘリ基地いらない二見以北十区の会」では、せめて住民説明会を開いて欲しいと名護市に要求した。渡具知さんたちは、地域住民の署名を集めたり、毎日、市役所を訪ねて岸本市長に「ラブコール」したり、粘り続けて、ようやく市の約束を取り付けたと思ったのに、市長は「日程がとれない」と一言。破棄されてしまった。

岸本市長
許さない!

Singapore
is a
City
10区で
説明会を
開いて!

8543

「看板は24時間営業」が武清さんの口癖。
道路沿いのあちこちに黙々と自作の看板を立て、
コツコツと修理する。
台風の度に取り外し、立て替えるのが、
ここ8年ほどのライフワークになった。

武龍は、そんな父親の姿を見ながら成長している。

ビラを届けるときは、なるべく顔を見て話したい。ドアを開けてくれるかな?…。
夫婦で出かけるときは子どももいっしょだ。今日も夕飯が遅くなるけど、ごめんね。

2002年1月、武龍の妹が生まれた。
二卵性の双子、和奏《わかな》と和紀《かずき》。
夫妻は2人の名前に「平和」への願いを込めた。

つながる命

誕生後、双子はしばらく病院の保育器が必要だった。
折しも、ちょうど名護市長選挙の真っ最中。
今度こそ反対派候補に勝って欲しいと、
智佳子さんは病院を抜け出し、街頭でマイクを握った。

和奏と和紀の退院の日。
みんなうれしそう。
親から子へ、子から孫へ、
つながる命の糸を切らないために…。

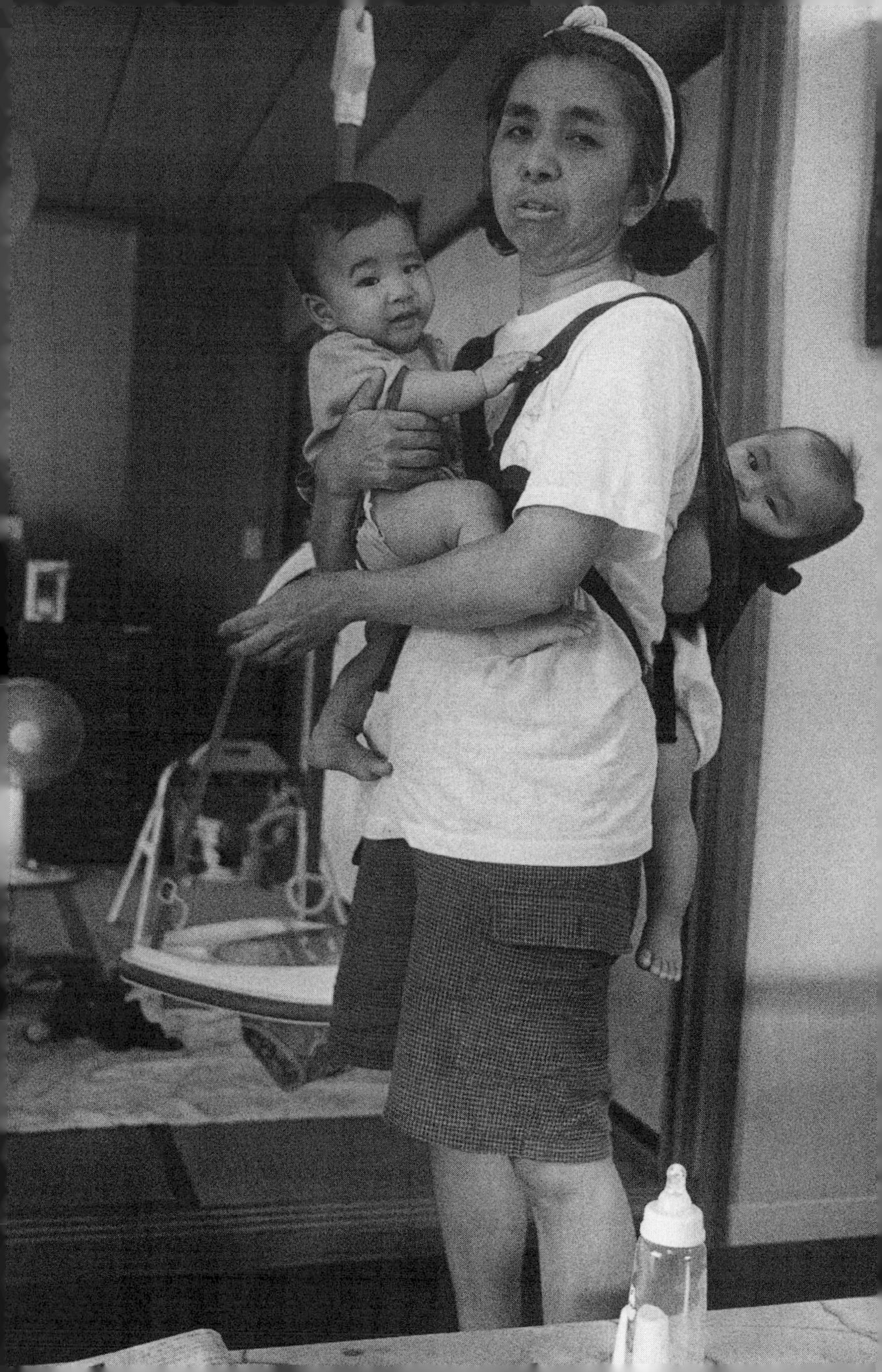

智佳子さん、疲れてるね…。

市長選はまた反対派が負けた。
建設への動きが着々と進んでいくのに、
2期目の岸本市政のもとで、地元の反対の声は政府に届かない。
賛成・反対でいがみ合うことへの疲れ、あきらめ、絶望から、
反対運動への参加は減り、人々は声を上げなくなっていく。

でもね、子どもたちの顔を見たら、絶望なんてしていられない。
あんたたちに基地のない未来を渡すことが大人の責任だもの。

普天間基地包囲の輪に家族総出で加わる。
普天間基地がなくなれば、名護への移設も必要ない。

みんなで

「基地はいらなーい!」

2004年4月19日、

那覇防衛施設局は辺野古沖での基地建設のために海の調査を強行しようとした。

まだ夜も明けないうちに、たくさんの大型作業車が辺野古にやってきたが、

地元住民をはじめ多くの人々が駆けつけて作業を止めた。

その日から、辺野古漁港近くにテントを張って座り込みが始まった。

9月からは海上で、実際に海底やサンゴ礁に穴をあけて

調査を行おうとする施設局や請負業者との攻防が始まる。

海の上での阻止行動は命の危険を伴い、業者の暴力でけが人も出た。

ゲートに立つ

この時期、武清さんは毎日、仕事に出かける前の早朝、キャンプ・シュワブのゲート前に立った。海の調査を請負っている業者はこのゲートから入り、米軍基地内に設けられた現場事務所に集まってから、海に出ていく。ゲートで止めれば、危険な海での攻防をやらなくてすむ。そんな必死の思いで、ゲートを入る業者の車を止め、作業員に語りかける。米軍基地に雇われた警備員にも訴える。

なんで続けられるの？

私がたまたまこの地域に住み、否応なく基地問題にかかわるようになって8年が過ぎた。渡具知夫妻とのつきあいも同じ長さだ。

8年の間にさまざまなことがあった。はじめは地域ぐるみだった反対運動から、どんどん仲間がいなくなっていく淋しさ、心細さは、体験してみないとわからない。

住民運動って割に合わないよなーと、つくづく思う。だって、相手はあり余るカネと権力を持った政府や大企業。こっちはカネも権力もないただの住民。国家公務員や業者の作業員が給料をもらいながらやってくることに対して、こっちは仕事を休んで、家庭を犠牲にして反対運動する。長続きできないのは、ある意味であたりまえ。向こうは時間をかけて、こっちが日乾《ひぼ》しになって降参するのを待てばいい。あー、悔しい！！

その上、反対すれば仕事をよこさないとか、子どもの就職に差し支えるとか、圧力をかける一方、立派な公民館を防衛庁予算で建てたり、地域の貧しさにつけ込んで、「地域振興」という名目のおカネでじわじわと、反対できないよう縛り付けてくる。

そんな中で、反対運動をやらなくなった人たちを私は批判したくない。それぞれに切実な事情がある。だからこそなおさら、私のような自由業と違い、賛成派の多い土建業界で働く渡具知さんたちが、仕事をしながら変わることなく反対運動を続けているのを、私は目を見張る思いで見てきた。外からは淡々と見えるけれど、いろんな悩みや苦しみがあったにちがいない。

――反対運動を続けてきて、仕事が減ったんじゃない？

智佳子「うーん、確かに減ってるけど、それは反対運動のせいというより、不況だからね。潰れる業者が多い一方で、新しい業者もどんどん生まれている」

武清「仕事を取るために請負価格を安くしたり、けっこうたいへんではあるよ。でも、俺はこの仕事しかできないから、何とか工夫してこれを続けていくしかない」

智佳子「夫が前に出ると目立つから、私が集会などで発言するんだけど、結局バレバレなんだよね。今はもう、出すぎた杭は打たれないっていうか…」

武清さんは働き者だ。昼間は現場に出て、夜は図面や書類を作る。丁寧で真面目な仕事ぶりが信頼を得ているのだろう。痛めた腰をいたわりながら、仕事の合間に地域の子ども会活動もやっている。

――ここまで続けてこれたのは、子どもたちのため、子どもたちがいてくれたからって、いつも言ってるけど、それだけかなー？　子どもは誰にだっているさぁ。

智佳子「やっぱり夫婦でやってきたのが大きいかなぁ。片方が弱気になると、片方が活を入れてね」

武清「独立してやっているから、仕事中でも夫婦でこの問題を話せる。グチも聞いてもらえるから、それでうっぷん晴らしにもなる。ずいぶんケンカもしたけど」

いい夫婦だよなぁ、と私はいつも惚れぼれしている。同じ太さの2本の柱がどっしり立って子どもたちを支えている。

「バランスがいいんだろうね」と武清さんが言った。少し離れたところに立っている智佳子さんを見やりながら、「いい人に巡り会ったと思っているよ」。しみじみと言う彼の言葉に、

私の胸はキュンとした。

もうひとふんばり

2005年11月、
療養中だった武清さんのお父さん・武信《ぶしん》さんが亡くなった。
数え75歳。

「普段は、反対運動する俺を黙って見ていてくれたけど、
酒を飲むと、国のすることに反対しても無駄だと言っていた。
早すぎたなぁ…。
もう少し生きてててくれたら、
必ず理解してもらえたのに、
残念でならないよ」

「親父、
もっともっと
話したかったよー!!」

ありがとう、素敵な笑顔。
もうひとふんばりするっきゃないね！

数字で見る久志地域

人口	4949人（久辺3016人・二見以北1933人）		
	2420世帯（久辺1485世帯・二見以北935世帯）		
学校	久辺3区	久辺小学校	196人
		久辺中学校	130人
	二見以北10区	天仁屋小学校	7人
		嘉陽小学校	4人
		三原小学校	36人
		久志小学校	50人
		久志中学校	44人
	10歳未満	424人	
	10代	1063人	
	20代	481人	
	30代	478人	
	40代	583人	
	50代	701人	
	60代	455人	
	70代	442人	
	80代	259人	
	90歳以上	63人	
	※10代の人口には国立高専の生徒を含むと思われる。		
農家数	久辺3区　77戸（専業42戸・兼業35戸）		
	二見以北10区　200戸（専業91戸・兼業109戸）		

※データは2006年7月1日現在。ただし農家数は1995年統計資料による。

アクセス（車）		高速・沖縄自動車道、宜野座インターから 辺野古まで車で15分 瀬嵩まで車で25分
バス	辺野古へ	那覇バスターミナルより77番・名護東線 （辺野古経由、名護行き）が運行。 始発午前5時30分、最終午後7時25分 （1日22便。所要約2時間。平日・日祝とも）
	二見以北へ	77番バスで、二見入口バス停乗り換え。 78番（名護バスターミナル～東村役場前）が運行。但し、1日3便（早朝と夕方・夜、高校生の通学時間）のみで、一般の利用には不便。

■主な施設

郵便局　豊原と瀬嵩にあり
銀行　なし。辺野古と瀬嵩にJAバンクあり
医療施設　久志診療所（三原）のみ
コンビニ　豊原に１カ所のみ

■市民・住民団体連絡先

辺野古・命を守る会（ヘリポート阻止協議会）
〒905−2171　名護市字辺野古243
TEL&FAX:0980(55)3131
e-mail　henokoinochi2006@yahoo.co.jp

ヘリ基地いらない二見以北10区の会
〒905−2266　名護市字瀬嵩47
TEL&FAX:0980(55)8522
URL　http://kichi-iranai.jp/

私が沖縄に暮らし始めて16年半、この物語の舞台である名護市東海岸（久志地域）に住んで9年近くが経ちます。山と海の自然、自然と人々が織りなす地域のたたずまいに惹かれて、息子とともに移り住んだ私は、ここに降りかかってきた基地問題に否応なく取り組まざるをえませんでした。自然、暮らし、子どもたちの未来…。ここにある大切なもののすべてを基地建設は壊してしまうと思ったからです。

以来、私はヘリ基地いらない二見以北十区の会に参加して、ささやかな努力を重ねてきました。少子高齢化の進む静かなこの地域も、都会と同じように人間の欲望や愛と憎しみが渦巻いています。誰も望まなかった基地建設問題が、それをいっそう複雑にしてしまいました。

基地問題ってむずかしい。基地反対運動って特別な人たちがやっているもの。そんなふうに思っているあなたに、あなたと同じ普通の人たちが泣き、笑い、悩み、苦しみながらやっているんだ、誰にとっても関係ないことじゃないよ、ということを伝えたくて、渦中にいる私と、この地域の人々を愛し、撮り続けている写真家の石川真生さんと共同でこの本を作りました。中里智英子さん、宇地原睦恵さんのご協力に感謝します。

あなたの心に届くといいな。

浦島悦子（物書き）

名護市久志地域の人々を撮影し始めて、早や10年になる。長くやっているといろんな人と知り合いに、お友だちになる。あの人の、この人の「もう、いいかげん自分たちを苦しめるな！」という叫びや、「どうせ国に基地を押し付けられるんだったら、したたかに金《かね》をとってやる」という開き直りや、「人間関係が壊れてしまった。つらい……」というさまざまな思いをいっぱいもらった。そんな思いを全て受け止めて10年間、久志地域に通っている。

私が愛してやまない久志地域の思いを知ってほしい。浦島悦子さんと、あーでもない、こーでもない、と本作りに工夫した。「大人の絵本」を目指して作った。知らない人が読んでも分かりやすい本にしようと作った。編集してくれた中里智英子さんという友人が楽しみながら作ってくれた。

10年間、私が撮りためた写真に、物書きで、久志地域の住民でもある浦島悦子さんが生活する中から、反対運動する中から感じたことを本音で、しかも分かりやすく文章を書いてくれた。

二人の合作の「大人の絵本」だ。

石川真生（写真家）

浦島悦子（うらしま・えつこ）

1948年、鹿児島県川内市に生まれる。90年から沖縄に住み、文筆活動を続ける。とくに98年以降は居住地区に突然降って湧いた海上基地建設をめぐる住民運動に深くかかわり、そのただ中からルポ、エッセイを発表してきた。91年、「闇の彼方へ」で新沖縄文学賞佳作、98年、「羽地大川は死んだ」で週刊金曜日ルポルタージュ大賞報告文学賞受賞。

著書『辺野古　海のたたかい』（インパクト出版会、05年）『豊かなシマに基地はいらない』（同、02年）『やんばるに暮らす』（ふきのとう書房、02年）、共著書『ジュゴンの海と沖縄』（高文研、02年）

石川真生（いしかわ・まお）

1953年、沖縄県大宜味村に生まれる。高校時代、沖縄返還協定反対運動の嵐の中で、カメラで沖縄を表現することを決意、東京の写真学校で学んだ後、働きながら沖縄に生きるさまざまな人物像を撮ってきた。とくに米兵の日常や自衛隊の中に分け入って、米兵や自衛隊員の素顔をとらえることでは他の追随を許さない。沖縄をはじめ本土の各地で、さらにはアメリカで写真展を開いてきた。

著書『沖縄ソウル』（太田出版、02年）『沖縄・海上ヘリ基地』（高文研、98年）『これが沖縄の米軍だ』（同、96年）『沖縄と自衛隊』（同、95年）ほか。

沖縄・海辺のムラの物語
シマが揺れる

●二〇〇六年一一月一二日――――第一刷発行

文　浦島　悦子
写真　石川　真生
編集・装丁 レイアウト　中里智英子

発行所／株式会社　高文研
東京都千代田区猿楽町二―一―八
三恵ビル（〒一〇一＝〇〇六四）
電話　03＝3295＝3415
振替　00160＝6＝18956
http://www.koubunken.co.jp

印刷・製本／精文堂印刷株式会社

ISBN4-87498-373-1 C0036